L'ESPAGNOL AU COLLÈGE

Grammaire espagnole par les exercices

Maïté JÉGOUX
Professeur d'espagnol
Collège Paul Cézanne, Mantes-la-Jolie

BORDAS
LANGUES

Maquette de couverture : Jean-Louis COUTURIER
Illustration : BRUNOR
Maquette intérieure et réalisation : À LA PAGE

ISBN 2-04-028438-9

Avant-propos

Conçu à partir de notre expérience en classe, cet ouvrage est avant tout **un outil pratique d'entraînement et de révision**.

Toutes les notions grammaticales essentielles du collège y figurent, mais l'accent est plus particulièrement mis sur les points qui demeurent souvent sujets d'erreurs ou d'hésitations.

Plus de **200 exercices** sont regroupés autour de ces notions, permettant à l'élève d'apprendre ou de réviser **en pratiquant**. Les "indices" qui accompagnent certains exercices attirent son attention sur les pièges qu'il faudra déjouer en faisant l'exercice.

Le niveau de chaque exercice est marqué par des astérisques :

* = niveau 4ᵉ LV2 (6ᵉ - 5ᵉ LV1)

** = niveau 3ᵉ LV2 (4ᵉ - 3ᵉ LV1)

Nous conseillons cependant à l'élève de 3ᵉ de refaire les exercices du premier niveau, car il reste toujours des notions mal assimilées ou oubliées qu'il est bon de revoir !

Chaque batterie d'exercices est suivie par **un tableau ou un résumé de grammaire**, conçus comme des repères pratiques dans lesquels toutes les questions posées par les exercices trouvent leurs réponses.

On apprend toujours mieux en faisant : c'est pourquoi nous espérons que cette **Grammaire par les exercices** sera une aide active et efficace pour tous les collégiens qui souhaitent améliorer leur espagnol.

Sommaire

1 le genre et le nombre

1 Mettre l'article défini (*el*/*la*) qui correspond devant le nom. *

1 .... huelga
2 .... abuela
3 .... perro
4 .... vendedor
5 .... tesis
6 .... ramo
7 .... banco
8 .... regaliz
9 .... caballo
10 .... criada
11 .... príncipe
12 .... culebra
13 .... pintora
14 .... planeta
15 .... flor
16 .... mano
17 .... mar
18 .... monte

indice *Généralement, les noms en -o sont masculins et les noms en -a sont féminins, mais il y a des exceptions ! Les mots en -or sont masculins, sauf...*

2 Mettre les noms suivants au féminin. *

1 El carnicero.
2 El profesor.
3 El niño.
4 El camarero.
5 El escritor.
6 El hombre.
7 El periodista.
8 El joven.
9 El empleado.
10 El estudiante.

indice *Attention ! Il y a de nombreuses exceptions à la formation du féminin en -a : certains noms sont invariables, d'autres subissent des changements en passant au féminin.*

3 Mettre les noms suivants au masculin. *

1 La médica.
2 La directora.
3 La cocinera.
4 La panadera.
5 La gata.
6 La sirvienta.
7 La reina.
8 La condesa.
9 La chica.
10 La actriz.

4 Choisir l'article adéquat. *

1 El/La : .... ciudad es bonita.
2 El/La : .... televisión está aquí.
3 Los/Las : .... días son largos.
4 El/la : .... agua es fresca.
5 un/una : En nuestra habitación, hay .... armario.
6 un/una : ¿ Tienes .... reloj ?
7 un/una : Los hombres quieren descubrir .... nuevo planeta.
8 uno/una : ¿ Hablas .... o dos idiomas ?
9 El/La : .... periodista es muy curioso.
10 El/La : .... color de este traje es bonito.

indice ***Attention, l'adjectif peut parfois t'aider à vérifier le genre d'un nom. Y a-t-il des mots féminins qui prennent l'article*** el?

5 Mettre au singulier les phrases suivantes : **

1 Los artistas andaluces son muy buenos.
→ ....
2 Estas secretarias son amables y eficaces.
→ ....
3 Estas flores azules son muy frágiles.
→ ....
4 Me gustan sólo los vinos franceses.
→ ....
5 Los jueces son muy jóvenes.
→ ....

indice ***Attention à l'accentuation des mots. L'accent peut se déplacer en passant du singulier au pluriel.***

6 Mettre au pluriel les phrases suivantes : **

1 Es un hombre francés muy simpático.
→ ....
2 Mi amigo es un chico inteligente.
→ ....
3 Creo que es ciudadano español.
→ ....

4 El nuevo director es muy competente y cortés.

→ ....

5 Su profesor es catalán.

→ ....

7 Mettre au féminin les phrases de l'exercice 6. **

8 Choisir l'article adéquat. **

1 .... actriz es muy guapa.
2 .... padre de mi amiga es policía.
3 .... casa de mis abuelos es ésta.
4 .... parque está lejos del centro.
5 .... champán es para las grandes ocasiones.
6 .... callejuela está muy oscura.
7 .... gallina pone muy buenos huevos.
8 .... cantante tiene una voz bonita.
9 .... Pirineos separan Francia y España.
10 .... montes no son muy altos.

9 Traduire : **

1 Le médecin est un homme très aimable.

→ ....

2 Je voudrais un café avec du sucre.

→ ....

3 Achète une fleur bleue, une fleur rouge et une fleur blanche.

→ ....

4 La mère de Juan est française et son père est argentin.

→ ....

5 C'est le nouveau professeur de ma sœur.

→ ....

LE GENRE ET LE NOMBRE

LE GENRE DES NOMS

sont FÉMININS les noms en :	sont MASCULINS les noms en :
-a : *la manta , la casa* **sauf** : *el día , el mapa, el planeta, el problema...* *-dad, -tad* : *la ciudad, la libertad* *-ción, -sión, -zón* : *la decisión, la revolución, la razón* *-sis, -itis* : *la tesis* **sauf** : *el análisis, el paréntesis* *-ed, -ez* : *la timidez* **et tous les noms désignant des êtres féminins.**	*-o* : *el trabajo, el libro* **sauf** : *la mano, la foto, la moto ...* *-or* : *el color, el calor* **sauf** : *la labor, la sor, la flor, la coliflor* les noms des montagnes, des fleuves... *el Sena* **et tous les noms désignant des êtres masculins.**

LE GENRE DES ADJECTIFS

FÉMININ	MASCULIN
-a → una mujer simpátic**a** **-ana, ona, ora, ina** → una mujer trabajad**ora**	-o → un hombre simpátic**o** **-án, ón, or, ín** → un hombre trabajad**or**

- Les adjectifs de nationalité prennent un **a** au féminin : *español, española.*
- Tous les autres adjectifs sont invariables : *un hombre* ***feliz****, una mujer* ***feliz****.*

LE PLURIEL DES NOMS ET DES ADJECTIFS

- noms et adjectifs terminés par une **voyelle** : **-s**
  la manta ***blanca****, las mantas* ***blancas***
- noms et adjectifs terminés par une **consonne** ou par **y** : **-es**
  los actores españoles, los Reyes Magos

2 les possessifs

1 Compléter avec l'adjectif possessif qui convient. *

1 Tengo una cartera. Es .... cartera.
2 Tenemos una nueva profesora. Es .... profesora.
3 Pedro, ¿ es éste .... coche ?
4 ¿ Puede darme usted .... dirección ?
5 El profesor habla con .... alumnos y alumnas.

2 Relier les deux colonnes. *

1 María mira	tu merienda
2 Yo he perdido	su libro
3 Tú quieres	vuestras lecciones
4 Nosotros hacemos	mi memoria
5 Carlos y tú aprendéis	nuestras cuentas

3 Choisir le possessif adéquat. *

1 ¿ Dónde están **tuyos/tus** cuadernos ? En **mi/mí** cartera.
2 La profesora habla a **suyos/sus** alumnos.
3 Estoy con **sus/su** padres, no con los **míos/tus**.
4 Llevamos **nuestras/nuestros** abrigos.
5 Hay veinte alumnos en **tú/tu** clase.

indice **Mi** *ou mí ? Tu ou tú ? L'adjectif possessif prend-il un accent ?*

4 Remplacer l'adjectif par le pronom. *

Es mi casa → Es la mía.
1 Son nuestras secretarias. → ....
2 Es mi billete. → ....
3 Son tus ideas. → ....
4 Es nuestro viaje. → ....

5 Son sus maletas. → ....
6 Son tus zapatos. → ....
7 Es su escuela. → ....
8 Son mis padres. → ....
9 Es nuestro piso. → ....
10 Es vuestra ciudad. → ....

5 Mettre les phrases suivantes au pluriel. *

1 Es mi hermano. → ....
2 Vamos a nuestra escuela. → ....
3 No escucháis a vuestro profesor. → ....
4 Hablan con su vecina. → ....
5 Es vuestra ciudad. → ....

6 Mettre les phrases suivantes au singulier. *

1 Mañana llegarán mis cartas. → ....
2 Tus vecinos hacen ruido. → ....
3 Han comido sus pasteles. → ....
4 A los niños les gustan sus caramelos. → ....
5 ¿ Cuándo llaman vuestras madres ? → ....

7 Compléter avec le possessif correspondant au pronom entre parenthèses. **

1 En (nosotros) .... casa hay muchísimos libros.
2 (Vosotros) .... padres van a ver a (ellos) .... familia.
3 (Vosotros) .... ciudad tiene (ella) .... propios monumentos.
4 El doctor mirará (usted) .... ojos, ... boca, y .... nariz.
5 He preparado (tú) .... ropa para .... viaje.
6 Me gusta ir a la escuela para estudiar con (yo) .... amigos.
7 A Carolina no le gustan (ella) .... vaqueros.
8 (Yo) .... madre ha hablado con la (tú) ....
9 Si no te gusta (tú) .... jersey, puedes llevar (yo) ....
10 ¡ Son (nosotros) .... caramelos, no los (vosotros) .... !

8 Relier les deux colonnes. **

1	Los niños leen	su contestador
2	Usted escucha	su casa
3	Nosotros queremos	tus muebles
4	Ella describe	con su director
5	Yo contesto a	a sus padres
6	Tú compras	sus libros
7	Javier se parece	mis padres
8	Ustedes hablan	nuestra paga

indice ***A quelle personne correspondent les adjectifs possessifs su et sus ?***

9 Choisir le possessif adéquat. **

1 Hablará con **su/suyo** padre pero no con el **mi/mío**.
2 Aprendemos **nuestros/nuestras** lecciones para **suya/su** clase.
3 Ha comprado **su/sus** ropa en **nos/nuestra** tienda.
4 El médico mira **mi/mía** radio, y también la **tu/tuya**.
5 Te gustan las pastas, pero no las **sus/suyas**.

10 Mettre les phrases suivantes au pluriel. Changer les pronoms. **

(yo → nosotros, tú → vosotros)

1 Tengo mis manías : soy viejo.
2 No cojas mi abrigo : éste es el tuyo.
3 ¿ Enciendes mi cigarrillo ?
4 Ha comido todo su plato de sopa.
5 Miro mi película preferida.

11 Mettre les phrases suivantes au singulier. Changer les pronoms. **

(nosotros → yo, vosotros → tú)

1 Nuestros hermanos son malos con nosotros.
2 Nuestros padres no quieren que nos casemos.
3 ¿ Dónde están vuestras llaves ?
4 ¿ Cuánto cuestan sus libros ?
5 Comemos vuestros pasteles : tenemos hambre.

LES POSSESSIFS

Il y a deux formes de possessifs : les adjectifs et les pronoms.

LES ADJECTIFS POSSESSIFS

Les formes atones

- *mi, mis*
- *tu, tus*
- *su, sus*
- *nuestro, nuestra, nuestros, nuestras*
- *vuestro, vuestra, vuestros, vuestras*
- *su, sus*

Les formes atones précèdent toujours le nom.

Mi jersey es verde. **Mon** pull-over est vert.

Les formes toniques (accentuées)

- *mío, míos, mía, mías*
- *tuyo, tuyos, tuya, tuyas*
- *suyo, suyos, suya, suyas*
- *nuestro, nuestra, nuestros, nuestras*
- *vuestro, vuestra, vuestros, vuestras*
- *suyos, suyas*

Les formes toniques sont placées après le nom. Elles s'utilisent :

- comme attribut du verbe ***ser*** : *El jersey es **mío**.* Le pull est à moi.
- lorsque le nom est précédé d'un autre déterminant :
  ***Un** amigo **mío**.* Un ami à moi.
- dans les phrases exclamatives : ¡ *Dios **mío*** ! Mon Dieu !

LES PRONOMS POSSESSIFS

Ce sont les formes toniques de l'adjectif, mais toujours précédées de l'article défini :

el mío, la mía, los míos, las mías ...

*Esta ropa es **la tuya**.* Ces vêtements sont à toi.

Hispanismes avec *lo* :

lo mío... : ce qui me concerne, ce qui est à moi ...

lo mío y lo tuyo. ... : ce qui est à moi et ce qui est à toi.

3 les démonstratifs

1 Compléter avec l'adjectif démonstratif correspondant à l'indication donnée entre parenthèses. *

1 ¿ Es .... jersey que quieres ? (aquí)
2 Miremos .... casas. (ahí)
3 Hablo con .... vecina. (aquí)
4 Con .... pantalones, estarás muy bien. (ahí)
5 Viven en .... ciudad. (allí)
6 Puedes coger .... libro. (ahí)
7 .... son los alumnos de mi clase (aquí)
8 Estudian en .... colegio. (allí)
9 Compra .... fruta. (aquí)
10 .... coche es suyo. (allí)

indice ***E**n espagnol, il y a trois formes de démonstratifs selon le degré d'éloignement par rapport à celui qui parle.*
Les adverbes de lieu **aquí** *(ici),* **ahí** *(là, près de toi) et* **allí** *(là-bas) peuvent servir de points de repère.*

2 Relier les trois colonnes. *

1 Vivo en	este	caramelos
2 Viven en	aquellos	pastel
3 Carlos vive en	esas	piso
4 Quiero	aquel	casas
5 Él quiere	esta	ciudad

3 Choisir la réponse adéquate et compléter les phrases. *

1 Va al mercado con .... cesta.
a) aquella b) eso c) este

2 Su dirección es ....

a) ésta b) aquélla c) esta

3 Lo que quiere Carlos es ....

a) aquello b) este c) esa

4 .... es Carlos, ... es María.

a) esto/esta b) éste/ésta c) aquello/aquella

5 .... son las cartas que hay que enviar.

a) estas b) éstas c) estás

indice *Quelle est la différence entre les adjectifs et les pronoms démonstratifs ?*
Quelle est la spécificité des pronoms neutres ? Pourquoi ?

4 Mettre les phrases suivantes au singulier : *

1 Éstas son tus amigas.
2 Ésos son los postres.
3 Ésos son nuestros amigos.
4 Son estos coches que quiero comprar.
5 Estos días, estoy de vacaciones.
6 Estas fresas son para comer.
7 Esos hombres son españoles.
8 Las profesoras de español son aquéllas.
9 Esas escuelas están abiertas.
10 Estos alumnos están sentados.

5 Mettre les phrases suivantes au pluriel : *

1 Este libro es mío.
2 Ésta es mi hermana.
3 Ése es nuestro vecino.
4 Aquel perro está abandonado.
5 Ese piso no es pequeño.
6 Es ésta nuestra escuela.
7 Esta clase tiene muchos alumnos.
8 Eso es lo que quiero.
9 Aquel abrigo es para el invierno.
10 Esa secretaria trabaja muy bien.

6 Accorder le démonstratif dans chaque phrase. *

- (este) la guitarra → esta guitarra.

1 (este) la camisa → ....
2 (ese) los pantalones → ....
3 (aquel) el pié → ....
4 (este) el bolígrafo → ....
5 (ese) la clase → ....
6 (este) los colegios → ....
7 (aquel) las casas → ....
8 (ese) las hermanas → ....
9 (este) el apellido → ....
10 (aquel) los coches → ....

7 Relier les deux colonnes. **

1 Aquéllos son	sus amigas
2 Éste es	tu bolígrafo
3 Ésas son	sus calcetines
4 Aquélla es	mis lapiceros
5 Éstos son	su hermana

8 Accorder le démonstratif dans chaque phrase. **

1 (Este) niños
2 (Ese) color
3 (Aquel) manos
4 (Este) vacaciones
5 (Ese) países
6 (Este) tren
7 (Aquel) aviones
8 (Ese) barco
9 (Este) flores
10 (Aquel) billetes

indice *Attention au genre des noms !*

LES DÉMONSTRATIFS

Les démonstratifs signalent un éloignement progressif dans le temps ou dans l'espace par rapport à celui qui parle.

LES ADJECTIFS DÉMONSTRATIFS

	Yo (aquí) *ici*		Tú (ahí) *là*		El (allí) *là*	
	sing.	plur.	sing.	plur.	sing.	plur.
Masculin	este	estos	ese	esos	aquel	aquellos
Féminin	esta	estas	esa	esas	aquella	aquellas

Les adjectifs démonstratifs sont toujours placés devant le nom.
Miramos ***esta*** *película.*
Nous regardons **ce** film.

LES PRONOMS DÉMONSTRATIFS

Ils ont les mêmes formes que l'adjectif, mais sont différenciés par l'accent écrit, sauf les pronoms neutres ***esto, eso, aquello*** qui sont invariables.

	Yo (aquí) *ici*		Tú (ahí) *là*		El (allí) *là*	
	sing.	plur.	sing.	plur.	sing.	plur.
Masculin	éste	éstos	ése	ésos	aquél	aquéllos
Féminin	ésta	éstas	ésa	ésas	aquélla	aquéllas
Neutre	esto		eso		aquello	

Esa falda es la tuya y ***ésta*** *es la mía.*
Cette jupe est à toi, et **celle-ci** est à moi.
Explicadme ***esto****.*
Expliquez-moi **ceci**.

4 les indéfinis

1 Compléter les phrases suivantes avec : *

- algo, alguien, algún, nada, nadie, ningún.

1 El niño quiere .... en la pastelería.
2 La mujer no compra .... : todo es muy caro.
3 ¿ Has comido .... caramelo ?
4 .... habla en clase.
5 No se ve a .... en la calle cuando llueve.
6 .... alumno tiene buenas notas.
7 ¿ .... quiere otro caramelo ?
8 .... ha aprendido la lección.
9 ¿ Crees que oye .... ?
10 El hombre no oye .... : es sordo.

2 Transformer les phrases en commençant par *no.* *

- A nadie veo. → No veo a nadie.

1 Nada leo en este periódico.
→ ....
2 Nunca viajo en estos aviones.
→ ....
3 Ningunas compras hago aquí.
→ ....
4 A ningún amigo he visto hoy.
→ ....
5 Ningunos estudiantes hacen huelga.
→ ....
6 Nada miramos en la televisión.
→ ....
7 Ningún hotel está libre.
→ ....
8 Nunca iré de vacaciones contigo.
→ ....

9 Ninguna historia sé contar.

→ ....

10 Ningunos caramelos os daremos.

→ ....

indice ***Où** se place le mot négatif dans une phrase commençant par* no ?

3 Transformer les phrases en utilisant l'indéfini contraire. *

- No compro nada. → Compro algo.

1 No conocemos a nadie. → ....

2 Usted charla con alguien. → ....

3 Conduces algo bien. → ....

4 Aprendo algo en estos libros. → ....

5 Compra algún caramelo. → ....

4 Relier les trois colonnes. *

1 Yo	no aprende	a alguien
2 María	compran	con algunos amigos
3 Carlos y tú	miro	ninguna lección
4 Nosotros	no queremos	algunas frutas
5 Ellas	charláis	nada para Navidad

5 Choisir la réponse adéquate et compléter les phrases. *

1 ¿ Quieres .... del mercado ?

a) algún b) algo c) nada

2 Siempre habla con .... amigo.

a) algún b) algo c) nada

3 El alumno no hace .... en la escuela.

a) nada b) nadie c) algo

4 Cuando .... llama, me lo dices.

a) alguien b) algún c) nada

5 ¡ No abres .... libro para tus exámenes !

a) nada b) nadie c) ningún

6 Transformer les phrases en utilisant l'indéfini contraire. **

1 No escucha a nadie.
2 Ninguna mujer trabaja aquí.
3 Algunos libros hablan de los fantasmas.
4 ¿ Alguien quiere merendar ?
5 Ningunos niños quieren algunos juegos.

7 Relier les trois colonnes. **

1 Alguien	chica	comer nada.
2 Algún	no pescará	llamará mañana.
3 El pescador	vendrá	para verme.
4 Carlos	amigo	ningún pez.
5 Ninguna	no quiere	lleva pantalones hoy.

8 Traduire. **

1 Mon fils n'a aucune mauvaise note.
→ ....

2 Ton cousin parlait avec quelqu'un dans la rue.
→ ....

3 Il y a quelques livres intéressants dans sa bibliothèque.
→ ....

4 Si tu as besoin de quelque chose, dis-le moi.
→ ....

5 Il est très courageux : il n'a peur de rien.
→ ....

6 Personne n'a rien à dire ?
→ ....

7 Elle est partie en Espagne avec quelques amis.
→ ....

8 Appelle-le. Il aura certainement quelque chose d'intéressant à te raconter. → ....

9 Je ne vois jamais personne.
→ ....

10 J'ai vu quelques belles robes dans ce magasin, mais je n'en ai acheté aucune. → ....

LES INDÉFINIS

PRONOMS INDÉFINIS

algo (quelque chose)	*nada* (rien)
alguien (quelqu'un)	*nadie* (personne)

Quiero comer ***algo*** *bueno*. Je veux manger **quelque chose** de bon.
No como ***nada***. Je ne mange **rien**.
¿ ***Alguien*** *quiere queso ?* **Quelqu'un** veut du fromage ?
No deseas ver a ***nadie***. Tu ne désires voir **personne**.

- ***Nada*** et ***nadie*** permettent deux constructions :
  nada/nadie + verbe ***no*** + verbe + ***nada/nadie***.
  Nada queremos. No queremos nada. Nous ne voulons rien.
- ***Algo*** et ***nada*** peuvent être employés comme adverbes :
  Algo = un peu. ***Nada*** = pas du tout.
  Está ***algo*** *triste*. Il est **un peu** triste.
  Mi madre no está ***nada*** *bien*. Ma mère n'est pas bien **du tout**.

ADJECTIFS OU PRONOMS INDÉFINIS

alguno, a, os, as (quelques)
ninguno, a, os, as (aucun)

- Comme adjectifs, ils s'accordent avec le nom et s'apocopent devant un nom masculin singulier :
  algunas *noches*, quelques nuits,
  ninguna *empresa*, aucune entreprise,
  algún *día*, un de ces jours.
- Comme pronoms, ils remplacent un objet ou une personne.
  ¿ Has probado ***los pasteles*** *? Sí, he probado* ***algunos***.
  todo, a, os, as (tous) / ***otro, a, os, as*** (autre)
  todo *el mundo*, tout le monde
  otro *día*, un autre jour

☞ Comme pronom complément d'objet direct, *todo* est employé avec l'article neutre *lo* : *Me* ***lo*** *ha dicho* ***todo***. Il m'a tout dit.

☞ ***Otro*** n'est pas précédé d'article indéfini :
Dame ***el otro***. Donne-moi **l'autre**. *Dame* ***otro***. Donne-moi **un autre**.

5 les interrogatifs et les exclamatifs

1 Compléter les phrases suivantes avec l'interrogatif qui convient : *

1 ¿ .... es tu profesor ?
2 ¿ .... estás ?
3 ¿ .... vas de vacaciones ?
4 ¿ .... cuesta tu jersey ?
5 ¿ .... haces esta tarde ?
6 ¿ .... hermanas tienes ?
7 ¿ .... vienen esta noche ?
8 ¿ .... quieres para tu cumpleaños ?
9 ¿ .... llega el tren ?
10 ¿ .... pasteles quieres ?

indice *Attention ! Les adjectifs interrogatifs s'accordent avec le nom. Sauf...*

2 Compléter les phrases suivantes avec l'exclamatif qui convient : *

1 ¡ .... llueve !
2 ¡ .... come este niño !
3 ¡ .... guapa es esta chica !
4 ¡ .... historias !
5 ¡ .... ciudad más bonita !
6 ¡ .... dinero tiene este hombre !
7 ¡ .... lluvia cae !
8 ¡ .... pastel más rico !
9 ¡ .... me gustan los caramelos !
10 ¡ .... se esconderá el niño !

indice *Quel est le signe distinctif des interrogatifs et des exclamatifs ?*

3 Trouver la question correspondante. *

- Me llamo María. → ¿ Cómo te llamas ?

1 Vivo en París. → ....

2 Venimos a las cuatro de la tarde.→ ....

3 Juegan a las canicas. → ....

4 Yo quiero un chicle. → ....

5 Son sus hermanas quienes hablan con María. → ....

....

6 Yo vengo contigo al cine. → ....

7 Nos vamos de vacaciones mañana. → ....

8 Son las dos de la tarde. → ....

9 Mi camisa cuesta 100 pesetas. → ....

10 Somos nosotros quienes hemos comido tus pasteles. → ....

....

indice *Attention au pronom à utiliser dans la question. Est-il toujours le même que celui de la réponse ?*

4 Choisir la réponse adéquate et compléter les phrases. *

1 ¿ .... compra el pan ?
a) quién b) cómo c) qué

2 ¿ A .... hora nos levantamos mañana ?
a) quién b) cómo c) qué

3 ¿ .... vienen tus amigos ?
a) quién b) cómo c) qué

4 ¡ .... canción bonita !
a) quién b) cómo c) qué

5 ¿ .... tiene dinero para ir al cine ?
a) quién b) cómo c) qué

5 Mettre les phrases suivantes au pluriel. *

1 ¿ Qué quieres comer mañana ?

2 ¿ Cuándo viene tu familia ? (tus padres)

3 ¿ Quién estudia la lección ?

4 ¡ Cuánto ruido hay !

5 ¿ Quién ha comido el queso ?

6 ¡ Qué querrá el vecino !
7 ¿ Cuánta carne hay que comprar ? (kilos de carne)
8 ¡ A quién le gustará tu comida ?
9 ¡ Cuánto pan sobre la mesa !
10 ¿ A dónde vas ?

indice *Quels sont les mots invariables ? Pourquoi ne prennent-ils pas la marque du pluriel ?*

6 Compléter les phrases avec : **

- cuánto (a, os, as), quién (es), qué, cómo, cuándo, dónde

1 ¡ .... gente vive en Madrid !
2 ¡ .... fiesta !
3 ¿ .... chicas hay en tu clase ?
4 ¡ .... habré metido mis llaves !
5 ¡ .... película más buena !
6 ¿ En .... estás pensando ?
7 ¿ .... te ha contado algo tan raro ?
8 ¿ .... quieres marcharte ? ¿ El lunes o el martes ?
9 ¿ Para .... son todos estos regalos ?
10 ¡ .... chica muy bonita ! ¿ .... se llama ?

7 Traduire. **

1 Combien de jours restez-vous à Paris, M. Sanchez ?
2 Pourquoi ne m'as-tu pas dit à quelle heure tu venais ?
3 Comment ont-ils répondu à toutes ces questions ?
4 Quel train prendrez-vous, les enfants ?
5 Que voulait-il nous dire ?
6 Comme c'est embêtant ! Je ne m'en souviens plus.
7 Quelle belle voiture ! Comme il me plairait de pouvoir la conduire !
8 Combien de fois il m'a promis d'arrêter de fumer !
9 Que c'est bien d'être en vacances !
10 Comme je déteste les exercices de grammaire !

LES INTERROGATIFS ET LES EXCLAMATIFS

Les interrogatifs et les exclamatifs portent toujours l'accent écrit.

ADJECTIFS ET PRONOMS INTERROGATIFS :

QUÉ, QUIÉN (ES), CUÁL (ES), CUÁNTO (S)(A)(AS)

Qué*, *cuál et ***cuánto*** sont adjectifs ou pronoms.
Quién n'est que pronom.
¿ ***Qué*** *es ésto ?* (qu'est-ce que)
¿ ***Qué*** *pescado quieres ?* (quel)
¿ ***Cuál/Cuáles*** *quieres ?* (lequel, lesquels)
¿ ***Cuál*** *regalo prefieres ?* (quel)
¿ ***Quién*** *viene mañana ?* (qui)
¿ ***Quiénes*** *son ?* (qui, plusieurs personnes)
¿ ***Cuántas*** *naranjas quieres ?* (combien de)
Les pronoms et les adjectifs peuvent être précédés d'une préposition : ***con*, *a*** ...

ADVERBES INTERROGATIFS :

¿ DÓNDE ? ¿ CUÁNDO ? ¿ CÓMO ? ¿ CUÁNTO ?

Ils sont invariables, ils expriment une idée de :
- lieu : *¿* ***Dónde*** *estáis ?* (où) *¿ A* ***dónde*** *vais ?* (où, mouvement)
- manière : *¿* ***Cómo*** *volveréis de vacaciones ?* (comment)
- quantité : *¿* ***Cuánto*** *cuesta ?* (combien)
- temps : *¿* ***Cuándo*** *se marcharán ?* (quand)

Les adverbes peuvent aussi être précédés d'une préposition : ***de*, *desde*, *a*** ...

LES EXCLAMATIFS :

¡ QUÉ ! ¡ QUIÉN ! ¡ CÓMO ! ¡ CUÁNTO ! ¡ CUÁN !

Ils sont immédiatement suivis du mot sur lequel porte l'exclamation.
¡ ***Cuánto*** *me gusta tu vestido !* (que/combien)
¡ ***Cómo*** *llueve !* (comme)
¡ ***Qué*** *mujer más bonita !* (quelle)
¡ ***Cuánta*** *nieve !* (que de neige)
¡ ***Cuán*** *grandes sandías !* (combien, comme)

6 les pronoms personnels

1 Compléter avec le pronom correspondant. *

1 .... compramos los caramelos en el quiosco.
2 .... estudiáis en la biblioteca.
3 .... comes un pastel.
4 .... tiene una hermana y un hermano.
5 .... no tienen padres.

indice *Attention aux phrases 4 et 5. Y a-t-il une seule possibilité ?*

2 Choisir la ou les réponse (s) adéquate (s) et compléter les phrases. *

1 .... comemos un pastel.
a) Carlos y tú b) Carlos y yo c) María y Carlos
2 .... se parece a su madre. a) ella b) María c) ellas
3 .... van de vacaciones a Valencia.
a) Carlos y tú b) nosotros c) María y Carlos
4 .... entiendo el inglés. a) nosotros b) tú c) yo
5 .... sale con sus amigos. a) Usted b) él c) ella

indice *Attention aux phrases 2 et 5 ! Y a-t-il une seule réponse possible ?*

3 Conjuguer les verbes avec *vosotros, usted* et *ustedes.* *

- comer → usted come, ustedes comen, vosotros coméis.

1 hablar
2 escuchar
3 vivir
4 cantar
5 estudiar
6 leer
7 pedir
8 entender
9 conocer
10 dormir

indice *Comment traduit-on "vous" en espagnol ? Quand utilise-t-on chacune de ces trois formes ?*

4 Passer du tutoiement au vouvoiement (*usted, ustedes*). **

1 ¿ Tú crees que vendrá mañana ?
2 ¿ Tú no ves que estoy preocupada ?
3 ¡ No fumes aquí, por favor !
4 Tú eres el mejor amigo de Juan, ¿ verdad ?
5 ¡ Cerrad todas las ventanas !

5 Compléter les phrases avec le pronom correspondant. *

1 Hoy he hablado con .... (María).
2 A .... te gustan los caramelos.
3 Ellos .... hablarán (a él).
4 .... (a ti) llamo todos los días.
5 Usted .... (a mí) compra el periódico.

6 Transformer les phrases. *

• Es tuya → Es para ti.

1 Es mío.
2 Son de Carlos.
3 Es de María y de ti.
4 Son nuestros.
5 Es de usted.
6 Es de María.
7 Son de ustedes.
8 Son de María y Pedro.

7 Remplacer le complément par le pronom. *

• ¿ Quieres caramelos ? → ¿ Los quieres ?

1 ¿ Tienes libros ?
2 Miramos las revistas.
3 Llamáis a tus padres.
4 ¿ Queréis ir con Juan ?
5 Vendemos fruta.
6 Hablas con las vecinas.
7 Colecciono los sellos.
8 Ustedes siguen a sus amigos en la calle.
9 Compras la carne en la carnicería.
10 Estudia alemán en la Universidad.

8 Choisir la réponse adéquate et cocher la case. **

1 Venid aquí ! Queremos hablar ❑ a) os ❑ b) se ❑ c) les.
2 ¿ Conoces a estas chicas ? No ❑ a) los ❑ b) ellas ❑ c) las conozco.
3 Voy a ver a mis amigas para hablar con ❑ a) los ❑ b) ellas ❑ c) las.
4 Si Carlos ❑ a) te ❑ b) se llama mañana, dile que ❑ c) le ❑ d) les saludo.
5 Entre ❑ a) él ❑ b) le ❑ c) se y yo, hay un secreto.

9 Compléter les phrases avec le pronom correspondant. **

1 Estoy hablando con María. ¿ quieres decir .... algo ?
2 Usted no .... conoce pero yo .... conozco a usted.
3 .... espera a las 10 h 30. Tienes que darte prisa.
4 A nosotros no .... gusta dormir tarde.
5 Si llamas al Señor Sanchez, di .... que he comprado los libros que .... había pedido.
6 Quiero leer esta revista. Todavía no .... he leido.
7 ¿ .... escribes a tus padres ? Escribe .... que .... saludo.
8 Esta película es muy buena, quiero ver .... mañana.
9 Llama ..... el lunes próximo. Ahora no tengo tiempo de hablar con ....
10 ¿ Has traido el queso para .... ? ¡ Qué bien ! Nos gusta muchísimo !

indice *Que se passe-t-il lorsque le pronom complément se trouve après un verbe à l'infinitif ou à l'impératif ? Y a-t-il d'autres formes verbales avec lesquelles ce phénomène se produit ?*

10 Passer du tutoiement au vouvoiement. **

1 Por favor, ¡ cierra la puerta y siéntate !
2 Dime lo que te ha contado José.
3 Si quieres, puedo acompañar a tu hermana.
4 No puedo ayudaros. Tenéis que hacerlo solos.
5 Acercaos para entender mejor.

11 Transformer selon le modèle suivant : **

- Lo mira. → Está mirándolo. → ¡ Mírelo !
- Me hablas. → Estás hablándome. → ¡ Háblame !
- Me lo dices. → Estás diciéndomelo. → ¡ Dímelo !

1 Lo construye.
2 La lees.
3 Lo hacéis.
4 Le contesta.
5 Nos invita.
6 Nos lo muestra.
7 Te la arregla.
8 Se lo pregunta.
9 Os la doy.
10 Te lo prometo.

indice *Quel est l'ordre des pronoms compléments d'objet direct et indirect dans une phrase ? Que se passe-t-il avec un verbe à l'infinitif, au gérondif ou à l'impératif ?*

LES PRONOMS PERSONNELS

LES PRONOMS SUJETS

yo tú él, ella, usted nosotros, as ellos, ellas, ustedes

Ils ne sont généralement pas employés, sauf pour insister ou pour éviter une ambiguité :

Quiero verte. ***Él*** *lo sabía pero* ***yo*** *no (lo sabía).*

TRADUCTIONS DE "VOUS"

- ***usted*** : une personne vouvoyée → 3e personne du singulier.
  Usted ***viene****.*
- ***ustedes*** : plusieurs personnes vouvoyées → 3e personne du pluriel.
  Ustedes ***vienen***
- ***vosotros*** : plusieurs personnes tutoyées → 2e personne du pluriel.
  Vosotros ***venís****.*

PRONOMS COMPLÉMENTS DIRECTS

me nos te os lo, la, le los, las, les

A la 3e personne, on utilise généralement ***lo, los*** pour les noms masculins, ***la, las*** pour les noms féminins, ***le*** et ***les*** pour ***usted*** et ***ustedes***. On retrouve aussi ***le*** à la place de ***lo*** pour des noms désignant des personnes : *He visto el nuevo disco.* ***Lo*** *quiero. Compro las frutas.* ***Las*** *como.* ***Les*** *vi ayer en la Plaza Mayor, señores.*

PRONOMS COMPLÉMENTS INDIRECTS

me, te, le, nos, os, les.

¿ ***Me*** *compras unos caramelos ?*

Si deux pronoms sont employés, le pronom COI est placé avant le pronom COD et ***le*** (3e pers. sing.) devient ***se*** :

Te *lo daré*. Je te le donnerai. ***Se*** *lo daré*. Je le lui donnerai.

PRONOMS COMPLÉMENTS AVEC PRÉPOSITION

- Ce sont les mêmes que les pronoms sujets, à l'exception des deux premières personnes du singulier : mí, ti : *¿ No te acuerdas de mí ?* ***Para ellos****, he hecho muchas cosas.*
- Avec : ***según*** (selon), ***excepto*** (sauf), ***menos*** (sauf), ***salvo*** (sauf), ***incluso*** (même, inclus), ***hasta*** (jusqu'à), ***aún*** (encore), ***entre*** (entre), on emploie ***yo*** et ***tú***.
- Avec ***con*** : ***con + mí = conmigo, con + ti = contigo***

7 le comparatif et le superlatif

1 Mettre l'adjectif au superlatif relatif. *

- **un** niño listo → el niño **más** listo

1 un perro pequeño.
2 una ciudad grande.
3 una mujer alta.
4 unos inmuebles bajos.
5 un profesor inteligente.
6 unas calles largas.
7 un hombre gordo.
8 un hotel limpio.
9 un chico moreno.
10 una chica rubia.

indice *Comment se construit le superlatif relatif ? En français on dit : "le garçon le plus intelligent". Y a-t-il deux articles en espagnol ?*

2 Mettre l'adjectif aux deux formes du superlatif absolu. *

1 una mujer triste.
2 un hombre alegre.
3 una tierra seca.
4 una palabra cruel.
5 una secretaria amable.
6 un papel blanco.
7 unas manos frías.
8 un café caliente.
9 unas caras pálidas.
10 una calle larga.

indice *Une des deux formes du superlatif absolu se construit avec* muy, *l'autre avec un suffixe. Lequel ?*

3 Construire des phrases à partir des éléments donnés. *

- Juan - listo - tú → Juan es más listo que tú.

1 María - amable - José → ....
2 estas habitaciones - oscuras - aquéllas → ....
3 esta calle - larga - aquélla → ....
4 nuestro equipo - bueno - el vuestro → ....
5 este pastel - dulce - el de ayer → ....
6 Carmen - valiente - su hermano → ....
7 el perro - fiel - el gato → ....

8 la película - mala - libro → ....
9 la falda - barata - los pantalones → ....
10 Juana - simpática - tú → ....

4 Reprendre les éléments de l'exercice 3 et construire des phrases sur le modèle : *

- Juan - listo - tú → Juan es menos listo que tú.

5 Remplacer la structure en gras par l'autre forme du superlatif. **

1 Mi padre es un hombre **muy feliz**.
2 Esta ciudad es **muy antigua**.
3 No puedo quedarme en este hotel. Está **muy sucio**.
4 Es un escritor **muy célebre**. Tienes que leer una de sus novelas.
5 Tu gato es **muy cariñoso**.
6 Los que viven aquí son **muy ricos**.
7 Los habitantes de este barrio son **muy pobres**.
8 Esta pélicula es **muy mala**. No vale la pena verla.
9 Anoche me acosté **muy tarde**.
10 Se oye un ruido **muy fuerte**.

6 Etablir une comparaison en utilisant *más/menos de lo que*. **

- Es tarde/lo pensaba (+) → Es **más** tarde **de lo que** pensaba.

1 Es difícil/lo crees (-)
→ ....
2 Vendrá tarde/lo ha prometido (+)
→ ....
3 Está feliz/lo pensabas (-)
→ ....
4 Estoy cansado/lo puedes imaginar (+)
→ ....
5 Es interesante/me lo contabas (-)
→ ....

indice — *Quelle est la différence entre* más/menos que *et* más/menos de lo que ?

7 Formuler des comparaisons avec le verbe *gustar* : utiliser *más* (+), *menos* (-) ou *tanto... como* (=) **

él/nadar/esquiar (+) → A él le gusta más nadar que esquiar.

1 yo/hablar español/hablar inglés (=) → ....

2 ella/las uvas/las manzanas (+) → ....

3 vosotros/la carne/el pescado (-) → ....

4 Vd./tocar el piano/jugar al tenis (=) → ....

5 ellos/escuchar la radio/mirar la tele (+) → ....

8 Traduire. **

1 Il travaille moins que son frère mais il a de meilleures notes.

→ ....

2 J'ai fait plus d'efforts cette année que l'année dernière.

→ ....

3 Achetez cette jupe. C'est la moins chère de tout le magasin.

→ ....

4 Cet exercice est moins difficile que tu ne crois.

→ ....

5 C'est la fille la plus intelligente et la plus modeste que je connaisse.

→ ....

6 "Je suis plus âgé que toi et j'ai plus besoin d'argent", dit Juan à sa petite sœur.

→ ....

7 Il préfère (il aime mieux) rester chez lui que sortir.

→ ....

8 Vous connaissez beaucoup plus de monde que moi, Monsieur.

→ ....

9 Nous avons autant de travail que l'année dernière.

→ ....

10 Cette maison est aussi grande que celle de ma tante.

→ ....

LE COMPARATIF ET LE SUPERLATIF

COMPARATIFS DE SUPÉRIORITÉ ET D'INFÉRIORITÉ

más (plus)/*menos* (moins) + adjectif + *que...*

*Eres **más listo** que yo.* Tu es plus malin que moi.
*Estás **menos gordo que** el año pasado.* Tu es moins gros que l'année dernière.
Si le deuxième terme est une proposition, on emploie ***de lo que*** :
*Es más listo **de lo que** pensaba.*

COMPARATIFS IRRÉGULIERS

bueno	→ *mejor*	*malo*	→ *peor*
grande	→ *mayor*	*pequeño*	→ *menor*

Ces comparatifs irréguliers sont invariables en genre.

COMPARATIFS D'ÉGALITÉ

- ***tan*** + adjectif ou adverbe + ***como...*** — *Estoy **tan** malo **como** tú.*
- ***tanto**, a, os, as + nom + **como...*** — *Tengo **tantos** libros **como** tú.*
- verbe + ***tanto*** (inv.) ***como***. — *Viajo **tanto como** tú.*

LES SUPERLATIFS RELATIFS : ARTICLE + COMPARATIF + ADJECTIF...

*Es el **más joven** de la familia.*
*El hombre **más grande** ... (**más grande** =* **le plus** grand*)*

LES SUPERLATIFS ABSOLUS

- ***muy*** + adjectif... (la forme la plus fréquente).
  *Estamos **muy** cansados.*
- suffixe : *-ísimo, -ísima*
  cansado → *cansad**ísimo*** *fácil* → *facil**ísimo***

Il y a quelquefois des modifications orthographiques :
blanco → *blanqu**ísimo*** *largo* → *largu**ísimo***

Les superlatifs "savants" sont :

amable	→ *amabilísimo*	*célebre*	→ *celebérrimo*
antiguo	→ *antiquísimo*	*fiel*	→ *fidelísimo*
noble	→ *nobilísimo*	etc.	

8 les suffixes

1 Remplacer les expressions par un diminutif en *-ito/-ita, -illo ou -illa.* *

1 un pequeño arbol.
2 una pequeña casa.
3 un pequeño camino.
4 un pequeño coche.
5 una pequeña mujer.
6 una pequeña escalera.
7 un pequeño pastel.
8 una pequeña naranja.
9 pequeñas cosas.
10 pequeños muchachos.

2 Construire des augmentatifs en *-ón/-ona, -azo/-aza* à partir de ces mots. *

1 el coche
2 la cuchara
3 la puerta
4 la taza
5 los ojos
6 la nariz
7 las manos
8 la novela
9 el hombre
10 la mujer

indice ***Attention !** Pense au sens nouveau que le mot peut acquérir en ajoutant le suffixe.*

3 Remplacer les mots en gras par un diminutif. **

1 La niña tenía sus **pequeños juegos.**
2 Vivo en un **pequeño pueblo.**
3 Es una clase **muy callada.**
4 "Pronto serás **una mujer**", le dijo su mamá.
5 El agua está **muy fresca.**
6 Necesito una **pequeña caja** para guardar ésto.
7 El colegio está **muy cerca** de mi casa.
8 Vamos a tomar una **pequeña copa** de vino.
9 Tiene una niña **muy delgada.**
10 Las **pequeñas casas** de esta calle son muy bonitas.

LES SUFFIXES

SUFFIXES DIMINUTIFS

Le suffixes diminutifs peuvent s'ajouter aux noms, aux adjectifs ou aux adverbes.

- mots terminés par **-o**, **-a**, consonne (sauf **r** ou **n**) : ***-ito***, ***-illo***, ***-uelo***.
  niño → *niñito*
  chica → *chiquilla*
  animal → *animalito*
- mots terminés par **-n**, **-r**, **-e**, : ***-cito***, ***-cillo***, ***-zuelo***
  mujer → *mujercita*.
- mots d'une syllabe ou à diphtongue : ***-ecito***, ***-ecillo***, ***-ezuelo***.
  flor → *florecita*.

L'ajout d'un suffixe peut entraîner des modifications orthographiques pour garder la prononciation du mot d'origine :
el barco → *el barquito*.

SUFFIXES AUGMENTATIFS

- ***ón***, ***-azo***, ***-ote*** : donne une idée de grandeur, souvent péjorative
  mujer → *una **mujerona*** = une grande femme (forte, grosse)
- ***-achón***, ***-acho*** : donne une idée de grosseur, de vulgarité, de ridicule
  rico → *un **ricachón*** = un richard
- ***-azo***, ***-aza*** : donne une idée de grosseur excessive
  *¡Vaya **maletazo** !* Quelle énorme valise !

Attention ! Le choix des suffixes est souvent une question d'usage. A manier avec prudence, en consultant le dictionnaire au besoin.

9 les chiffres et l'heure

1 Transformer les chiffres en lettres. *

1 21 chicas
2 Es la 13 h 15
3 560 francos
4 718 alumnas
5 200 mujeres
6 2 000 000 habitantes
7 3 000 pesetas
8 Son las 12 h 30
9 36 años
10 1997

indice *Les numéraux cardinaux sont-ils invariables ou s'accordent-ils avec le nom ?*

2 Compléter le tableau en écrivant en toutes lettres : *

- 2, 3, 6, 19, 70, 400, 600, 1000.

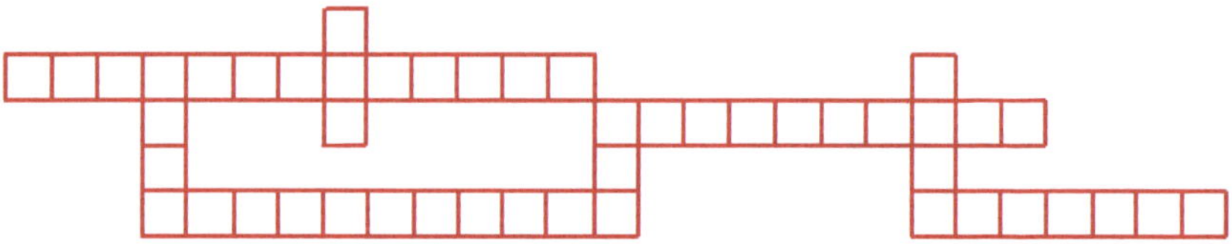

3 Transformer les chiffres en lettres. *

1 Tengo 30 años.
2 En mi clase, hay 160 alumnos.
3 ¡ En la película hay 101 actrices !
4 Esto cuesta 12 300 pesetas.
5 Mis padres me dan 500 pesetas cada semana.
6 ¡ Fíjate ! Tienen 21 perros.
7 Este libro tiene 572 páginas.
8 La película empieza a las 20 h 30.
9 La boda empieza a las 3 de la tarde y hay 350 invitados.
10 En la empresa hay 41 secretarias.

4 Compléter le dialogue. *

– ¡ Hola Carlos !
– ¡ Hola María ! ¿ Sabes qué hora es ?
– Sí. Son (16 h 30) .... ¿ A qué hora tienes clase de español ?
– A (13 h 45) .... Pero mi profesora llega siempre a (14 h 00) ....

5 Transformer les chiffres en lettres. **

1 1 258 pasajeros.
2 11 456 009 habitantes.
3 23 716 pesetas.
4 73 218 kilómetros.
5 el 6° piso.
6 Juan Carlos I
7 el siglo XIX.
8 la lección 23.
9 35 %.
10 3/4.

6 Traduire. **

1 Un jeune homme de 22 ans a gagné le gros lot : 2 350 000 francs !
→ ....
....

2 L'Espagne a une superficie de 504 782 km² et 38 950 000 habitants.
→ ....
....

3 En 1992, on a fêté le 5ᵉ centenaire de la découverte de l'Amérique.
→ ....
....

4 La guerre civile a commencé en Espagne le 18/07/1936.
→ ....
....

5 Il habite au 5ᵉ étage, 3ᵉ appartement sur la gauche.
→ ....
....

LES CHIFFRES ET L'HEURE

LES NUMÉRAUX CARDINAUX

uno	once		cien	
dos	doce	veinte	doscientos	
tres	trece	treinta	trescientos	
cuatro	catorce	cuarenta	cuatrocientos	
cinco	quince	cincuenta	quinientos	
seis	dieciséis	sesenta	seiscientos	
siete	diecisiete	setenta	setecientos	
ocho	dieciocho	ochenta	ochocientos	
nueve	diecinueve	noventa	novecientos	
diez			mil	un millón

- Ils sont invariables, sauf ***uno***, les centaines et ***millón***.
  cuarenta mil habitantes — *treinta y **una** horas*
  *doscient**as** páginas* — *tres millon**es** de pesetas*

- Toutes les dizaines sont suivies de ***y*** et de l'unité sauf 10 et 20 :
  treinta y tres, cuarenta y siete, cincuenta y nueve ...
  mais :
  dieciséis, diecisiete, dieciocho, diecinueve
  veintiuno, veintidós, veintitrés ...

- Entre les centaines et les dizaines, il n'y a pas de ***y*** :
  ciento uno, doscientos tres ...

- ***Ciento*** devient ***cien*** devant un nom, ***mil*** et ***millones*** :
  ***cien** pesetas*
  ***cien** mil personas*
  ***cien** millones de pesetas*

- ***Uno*** s'apocope devant un nom masculin singulier :
  ***un** metro, **un** día.*
  Veintiuno, treinta y uno, etc., se comportent de la même façon devant un nom pluriel :
  *treinta y **un** metros, veinti**ún** días.*

LES CHIFFRES ET L'HEURE

LES NUMÉRAUX ORDINAUX

a primero,	a segundo,
a tercero,	a cuarto,
a quinto,	a sexto,
a séptimo,	a octavo,
a noveno,	a décimo.

- On les utilise dans les classifications (jusqu'à 10 seulement) :
  *Juan Carlos **Primero**,*
  capítulo cuarto,
  el siglo décimo,
  mais :
  *Alfonso **Trece**,*
  capítulo veinte,
  el siglo diecinueve.
- ***Primero*** et ***tercero*** s'apocopent devant un nom masculin singulier :
  *el **primer** hombre.*

FRACTIONS ET POURCENTAGES

- 1/2 = *medio, a* → demi, e   *la mitad* → la moitié
- 1/3 = *la tercera parte* → le tiers
- 1/4 = *la cuarta parte* → le quart

Le pourcentage est toujours précédé par l'article :
3 % = *el tres por ciento.*

L'HEURE

*Son las once **y** veinte **de la mañana**.* Il est 11 h 20.
*Son las tres **menos** diez **de la tarde**.* Il est 14 h 50.
*Son las siete **y media de la tarde**.* Il est 19 h 30.
*Son las diez **y cuarto de la noche**.* Il est 22 h 15.

10 le présent de l'indicatif

1 Conjuguer à la personne précisée. *

1 (Yo/vivir) en esta calle. → ....
2 (Tú/comer) demasiado. → ....
3 (Él/estudiar) muchísimo. → ....
4 (Nosotros/trabajar) en Barcelona. → ....
....
5 (Vosotros/comprar) cosas que (no necesitar). → ....
....
6 (Tú/realizar) una nueva película. → ....
....
7 (Ellos/escribir) a sus padres. → ....
....
8 (Usted/ viajar) mucho. → ....
9 (Yo/olvidar) siempre mis llaves. → ....
....
10 (Ustedes/llegar) siempre con retraso. → ....
....

2 Conjuguer aux premières personnes du singulier et du pluriel. *

1 recompensar
2 calentar
3 entender
4 contar
5 volver
6 pensar
7 perder
8 encontrar
9 soñar
10 sentarse

indice *Au présent de l'indicatif, certains verbes diphtonguent : le e devient ...... et le o devient ...... à toutes les personnes sauf la ...... et la ...... du pluriel.*

3 Former des phrases en combinant les mots des deux colonnes. *

1 Yo	contestáis siempre al profesor.
2 Tú	escriben cartas muy largas.
3 Él	no comes bastante.
4 Ellos	invita a todos sus amigos.
5 Nosotros	vive en París.
6 Vosotros	entienden todo lo que leen.
7 Usted	empiezo a las diez.
8 Ustedes	nos cambiamos para la fiesta.

indice *Peux-tu construire plus de 8 phrases correctes avec ces éléments ? Pourquoi ?*

4 Conjuguer aux deux premières personnes du singulier. *

1 conocer
2 crecer
3 ofrecer
4 reconocer
5 conducir
6 nacer

indice *Au présent de l'indicatif, les verbes en* -acer, ocer, -ecir, -ucir *subissent une modification orthographique à la 1e personne du singulier. Laquelle ?*

5 Compléter la grille avec la bonne forme du verbe. *

• tocar, estar, ser, faltar, traer, saber, volver

1 .... contentos, ¿ verdad ?
2 Te .... a ti.
3 ¿ .... usted el profesor de Pedro ?
4 No me .... nada.
5 Nosotros lo .... ya.
6 (Yo) .... a las diez.
7 ¿ Me .... aquel libro, por favor ?

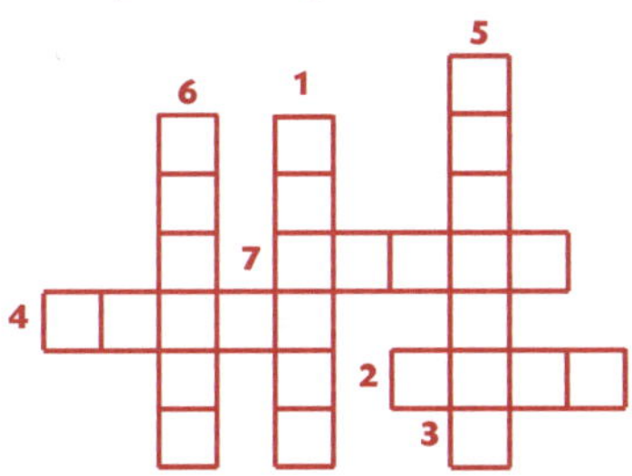

6 Conjuguer aux deux premières personnes du singulier. **

1 caer
2 dar
3 hacer
4 poner
5 saber
6 salir
7 traer
8 ver

indice ***Au** présent, certains verbes ne sont irréguliers qu'à la 1re personne du singulier. Il faut les apprendre par cœur !*

7 Conjuguer à la personne précisée.

A -

1 Tú/conseguir.
2 Vd/pensar.
3 Vosotros/poder.
4 Ellos/construir.
5 Ella/ver.
6 Yo/poner.

B - Ensuite utiliser les formes obtenues pour traduire les phrases. **

1 Tu ne réussis jamais à arriver à l'heure.
→ ....

2 Et vous, Madame, vous pensez qu'il a raison ?
→ ....

3 Vous ne pouvez pas porter cette caisse tout seuls. Elle est trop lourde.
→ ....

4 Ils construisent de nouveaux immeubles derrière la gare.
→ ....

5 Elle travaille toute la semaine et ne voit sa famille que le week-end.
→ ....

6 Je mets vos livres ici, sur cette table.
→ ....

LE PRÉSENT DE L'INDICATIF

FORMATION

Radical de l'infinitif + terminaisons du présent

Cantar	→	cant +	o	as	a	amos	áis	an
Comer	→	com +	o	es	e	emos	éis	en
Vivir	→	viv +	o	es	e	imos	ís	en

IRRÉGULARITÉS DU PRÉSENT

- Verbes à **diphtongaison** : **i → ie / o → ue**
  La voyelle diphtongue à toutes les personnes sauf à la 1re et la 2e personne du pluriel.
  sentir → ***siento***, ***sientes***, ***siente***, *sentimos*, *sentís*, ***sienten***.
  colgar → ***cuelgo***, ***cuelgas***, ***cuelga***, *colgamos*, *colgáis*, ***cuelgan***.
- Verbes à **fermeture** : **e → i**
  pedir → ***pido***, ***pides***, ***pide***, *pedimos*, *pedís*, ***piden***.
- Verbes **irréguliers à la 1re personne du singulier**

caer	→	***caigo***, *caes...*	*saber*	→	***sé***, *sabes...*
dar	→	***doy***, *das...*	*salir*	→	***salgo***, *sales...*
decir	→	***digo***, *dices...*	*tener*	→	***tengo***, *tienes...*
hacer	→	***hago***, *haces*	*valer*	→	***valgo***, *vales...*
poner	→	***pongo***, *pones ...*	*venir*	→	***vengo***, *vienes...*

- Verbes en ***-acer***, ***-ecer***, ***-ocer*** et ***-ucir*** : **c → zc** à la 1re personne du singulier :
  conducir → ***conduzco***, *conduces ...*
- Verbes en ***-uir*** : insertion d'un **y** entre le radical et les voyelles **a, o, e** de la terminaison :
  excluir → ***excluyo***, ***excluyes***, ***excluye***, *excluimos*, *excluís*, ***excluyen***.

☛ Certains verbes subissent une modification orthographique à la 1re personne du singulier, pour des raisons phonétiques :
coger → ***cojo***, *coges*.

Trois verbes complètement irréguliers :

HABER	he, has, ha, hemos, habéis, han
IR	voy, vas, va, vamos, vais, van
SER	soy, eres, es, somos, sois, son

11 la forme progressive

1 Mettre le verbe à la forme progressive. *

1 Yo limpio el cuarto.
2 Él come.
3 Nosotros bebemos café con leche.
4 Tú escuchas.
5 Ellos leen.
6 Ella duerme.
7 Vosotros miráis la tele.
8 Ustedes juegan al tenis.
9 Ellas bailan.
10 Usted piensa en su trabajo.

indice *Avec quel auxiliaire se construit la forme progressive ? Comment traduit-on cette structure en français ?*

2 Relier les trois colonnes. *

1 Yo	está hablando	el poema.
2 Tú	estoy preparando	de mí.
3 Ellos	estamos aprendiendo	la comida
4 Nosotros	están riéndose	tus manos.
5 Usted	estás lavando	con su director.

3 Compléter les phrases avec un de ces verbes à la forme progressive. *

A - hablar, coser, escribir, hacer, dar, decir, cruzar

1 ¿ Qué .... (tú) a Juan ?
2 Los niños .... la calle.
3 Mi madre .... una falda.
4 Pedro .... de comer al perro.
5 ¿ Con quién .... (vosotros) ?
6 ¿ Qué .... (tú) ?
7 ¡ (Yo) .... una novela !

B - Placer les gérondifs dans la grille

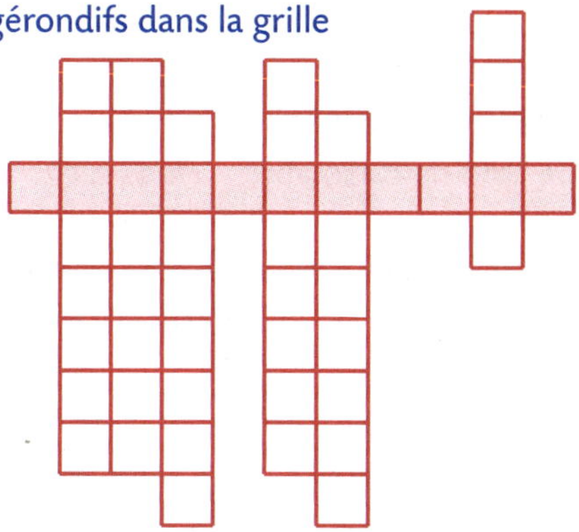

4 Mettre le verbe en gras à la forme progressive. **

1. ¿ No oyes lo que te **digo** ?
2. Los niños **se visten** para ir de paseo.
3. Creo que Luis no entiende lo que le **pides**.
4. Nos **muestran** sus nuevos cuadros.
5. Mi padre **se afeita** en el cuarto de baño.
6. Os **caliento** la comida.
7. ¿ **Te pruebas** el nuevo vestido ahora ?
8. ¿ Por qué nos **seguís** ?
9. Me **tiemblan** las manos.
10. ¿ Quién te **arregla** el coche ?

indice ***Où** se placent le pronom réfléchi et le pronom complément ? Comment appelle-t-on ce phénomène ? Avec quelles autres formes verbales a-t-il lieu ? (Voir aussi p. 85.)*

5 Remplacer les structures en italique par *ir/andar/seguir* + gérondif. **

1. El tren **se aleja poco a poco**.
2. María **espera todavía** una carta de Pedro.
3. La gente **sale** del museo.
4. **Busco** mi libro **por todas partes**.
5. Los precios **aumentan** cada día más.
6. Aunque ha pasado un año en Madrid, Paul **todavía habla** mal el español.

7 El deportista **no deja de entrenarse** para los Juegos olímpicos.
8 **Andan y miran** cada escaparate.
9 Tiene setenta años pero **todavía trabaja**.
10 Con este libro de curso **aprendemos** cada día más cosas.

indice **Ir** + *gérondif traduit une idée d'évolution graduelle ou e succession ;* andar + *gérondif traduit une idée de mouvement.*
Et seguir + *gérondif ? Quel est le sens du verbe* seguir *?*

6 Traduire en utilisant la forme progressive. **

1 Que fait-elle en ce moment ? Je crois qu'elle dort.
→ ....
2 L'enfant est en train de jouer à l'ordinateur.
→ ....
3 Je suis en train d'essayer ma nouvelle robe.
→ ....
4 Malgré (a pesar de) toutes nos explications, il continue à faire des fautes.
→ ....
5 Peu à peu, le soleil sort des nuages.
→ ....
6 Ne le dérange pas. Il parle au téléphone avec un ami de Buenos Aires.
→ ....
7 Il est en train de dire des choses intéressantes et personne ne l'écoute.
→ ....
8 Trop tard ! L'avion est en train de décoller.
→ ....
9 Que regardez-vous ? Moi, je ne vois rien.
→ ....
10 Je suis en train de penser à toutes les choses que j'ai à faire pour la semaine prochaine.
→ ....

LA FORME PROGRESSIVE

estar + gérondif

FORMATION DU GÉRONDIF

radical du verbe + ***-ando*** (verbe en -AR) ou ***-iendo*** (verbe en -ER, -IR).
cantar → *cant* ***ando*** *; coser* → *cos* ***iendo***

Le gérondif est invariable.

IRRÉGULARITÉS DU GÉRONDIF

- **e** du radical → **i** (verbes en **-ir**)
  sentir → *sintiendo* *pedir* → *pidiendo*
- **e** → **i** + chute du **i** de la désinence (verbes en ***-eír***, ***-eñir***, ***-ullir***) :
  reír → *riendoreñir* → *riñiendo,*
- **o** du radical → **u**
  dormir → *durmiendo*
  morir → *muriendo*
  poder → *pudiendo*
- **i** de la terminaison → **y** (verbes en ***-uir***, ***-oír***, ***-aer***, ***-eer***, et ***-oer***)
  huir → *huyendo*
  oír → *oyendo*
  caer → *cayendo*

EMPLOIS DE LA FORME PROGRESSIVE

On utilise ***estar*** + gérondif pour parler d'une action en progression à un certain moment.

Estoy escribiendo. Je suis en train d'écrire.
Estaba leyendo. Il lisait (était en train de lire).

Autres constructions :

- ***ir*** + gérondif : idée de progression, d'évolution
  Van alejándose.
- ***andar, seguir, pasar, llevar*** + gérondif = idée de continuité
  Siguen viviendo aquí. Ils vivent toujours ici.

12 le passé composé

1 Mettre le verbe au passé composé à la personne précisée. *

1 Comer : Nosotros ....
2 Apreciar : Vosotros ....
3 Saber : Usted..................
4 Querer : Yo ....
5 Amar : Tú ....
6 Extender : Yo ....
7 Incluir : Él ....
8 Recibir : Ellas ....
9 Conducir : Nosotros ....
10 Estudiar : Tú ....

indice *Comment forme-t-on le participe passé ? Y a-t-il une différence entre les verbes en -er et les verbes en -ir ?*

2 Conjuguer aux premières personnes du singulier et du pluriel. *

1 hablar
2 discutir
3 responder
4 suspender
5 estar
6 ver
7 abrir
8 poner
9 escribir
10 hacer

indice *Le participe passé s'accorde-t-il ?*
Attention ! Certains participes sont irréguliers : il faut les apprendre par cœur.

3 Relier les trois colonnes. *

1 Yo	han leido	su nueva falda.
2 Tú	ha hablado	la última película de Pedro Almodóvar.
3 Usted	hemos oído	todas las novelas de García Márquez.
4 Nosotros	he contestado	tu leche.
5 Ellos	ha probado	un ruido muy fuerte.
6 Vosotros	habéis visto	con su madre de la excursión.
7 Ella	has bebido	a todas tus preguntas.

4 Compléter avec le verbe au passé composé : *

1 Carlos .... para la tarea (estudiar).
2 Nosotros .... en España (vivir).
3 Usted .... en un restaurante (comer).
4 Ellos .... a la escuela (ir).
5 Tú .... muchos libros (leer).

5 Compléter les phrases avec un de ces verbes au passé composé. *

A - recibir, oír, llegar, vivir, dar

1 ¿ .... como gritaban sus niños, señor ?
2 (Nosotros) .... demasiado tarde.
3 (Vosotros) .... en Salamanca, ¿verdad ?
4 .... una carta de Juan. Me escribe desde Buenos Aires.
5 El profesor nos .... muchos deberes para la semana próxima.

B - Placer les participes utilisés dans la grille pour découvrir le participe caché (6).

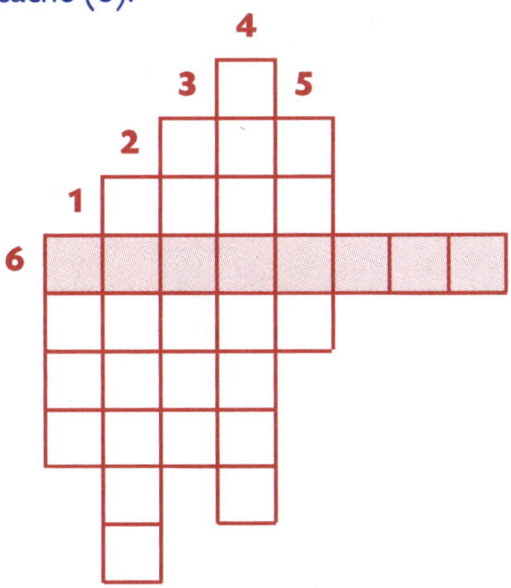

6 Mettre les verbes au passé composé. **

1 No **veo** a Manuel.
2 **Decías** que ibas de vacaciones.
3 Usted me **escribe** una carta muy interesante. Le **contestaré.**
4 **Abren** las puertas para dejar entrar al público.

5 Los chicos **vuelven** de la escuela en bicicleta.
6 Te **traeré** el libro si no lo **encuentras** en la biblioteca.
7 Creo que **voy a descubrir** algo muy raro.
8 Lo **hará** porque lo **promete.**
9 No sabéis dónde **pondréis** el nuevo cuadro.
10 **Será** muy difícil, lo sé.

7 Traduire. **

1 As-tu vu mon frère ? Je ne sais pas où il est. Il ne me l'a pas dit.
→ ....
2 Personne n'a compris son dernier discours.
→ ....
3 Êtes-vous sûr qu'ils ont bien fermé toutes les fenêtres ?
→ ....
4 Il n'a pas répondu à ma question.
→ ....
5 Tu peux l'appeler. Je pense qu'il est déjà rentré.
→ ....
6 Elle s'est réveillé. J'ai entendu du bruit dans sa chambre.
→ ....

LE PASSÉ COMPOSÉ

haber (au présent) + participe passé

FORMATION DU PARTICIPE PASSÉ

radical du verbe + *-ado* (verbe en -AR) ou *-ido* (verbe en -ER,-IR).
cantar → *cant* ***ado*** *beber* → *beb* ***ido***
Le participe passé est invariable.

PARTICIPES PASSÉS IRRÉGULIERS

abrir / ouvrir	→	abierto
cubrir / couvrir	→	cubierto
morir / mourir	→	muerto
poner / mettre	→	puesto
romper / casser	→	roto
ver / voir	→	visto
resolver / résoudre	→	resuelto
volver / revenir	→	vuelto (verbes en -olver)
escribir / écrire	→	escrito
inscribir / inscrire	→	inscrito
decir / dire	→	dicho
hacer / faire	→	hecho
imprimir / imprimer	→	impreso
incluir / inclure	→	incluso

+ leurs dérivés

EMPLOI

Le passé composé décrit des actions qui ont eu lieu dans une période de temps qui n'est pas encore achevée :
He comido sólo un huevo hoy. Aujourd'hui, je n'ai mangé qu'un œuf.

13 l'imparfait de l'indicatif

1 Conjuguer à la personne précisée. *

1 Venir : Carlos ....
2 Andar : Tú ....
3 Trabajar : Nosotros ....
4 Servir : Usted ....
5 Tener : Ellos ....
6 Ser : Yo ....
7 Hacer : Nosotros ....
8 Incluir : Ellas ....
9 Ver : Vosotros ....
10 Ir : Él ....

indice *Comment se forme l'imparfait des verbes réguliers ? Est-il le même pour les conjugaisons en -ar, en -er et en -ir ? Quels sont les trois imparfaits irréguliers dans cette liste ?*

2 Former des phrases avec les éléments des deux colonnes. *

1 Yo	constituíais un equipo.
2 Tú	trabajábamos en una biblioteca.
3 Vosotros	quería comer en el restaurante.
4 Nosotros	arreglaba el coche.
5 Ellos	iba a la escuela.
6 Ustedes	leía muchísimo.
7 Carlos	eras feliz.
8 Usted	estaban en casa.

indice *Peux-tu construire plus de huit phrases avec ces éléments ? Pourquoi ?*

3 Compléter ces phrases avec le verbe à l'imparfait. *

1 Querer : Tú .... ver la nueva película.
2 Hablar : Vosotros .... con los profesores.

3 Estudiar : Ellos .... en un colegio.
4 Estar : Yo .... siempre enfermo.
5 Usted : .... muy bien.
6 Ser : El .... médico.
7 Hacer : El perro no .... daño a los niños.
8 Incluir : Ellas .... a Carmen en su grupo.
9 Esperar : Vosotros .... a vuestros amigos.
10 Ir : Nosotros .... al estadio.

4 Compléter la grille avec une des formes de l'imparfait de ces verbes. *

- vivir, estudiar, triunfar, estar, nacer, ser, saber, confundir.

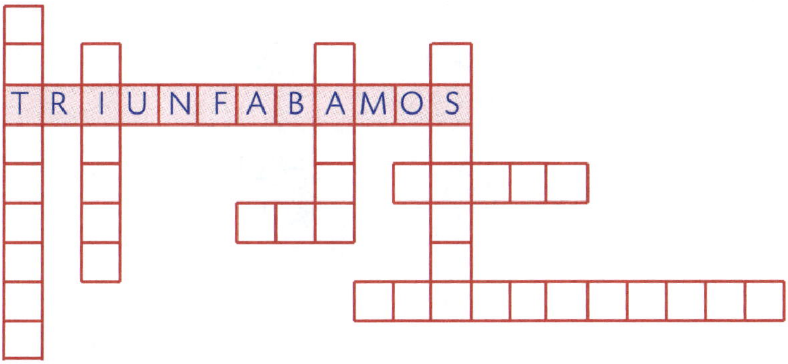

5 Mettre les verbes à l'imparfait. **

1 Me **encantan** las novelas de Agatha Christie.
2 No **puedo** molestarle ; **está** durmiendo.
3 Le **dejan** siempre solo y **se aburre.**
4 Mis sobrinos **van** todos los años al mar.
5 **Hablas** con voz muy fuerte y no **te das cuenta** de que **molestas** a los demás.
6 Le **gusta** jugar al baloncesto.
7 ¡ Qué suerte **tiene** ! Le **toca** el gordo cada año !
8 Me **duele** la cabeza y **tengo** sueño.
9 ¿ Por qué **estás** tan triste ? Y ¿ por qué **lloras** así ?
10 **Son** las cinco. Mis hermanos **están** en casa.

6 Traduire. **

1 Tu ne savais pas que l'avion avait du retard ?
→ ....
2 Il pensait souvent à elle mais il ne lui écrivait jamais.
→ ....
3 Ils faisaient tant de bruit qu'on n'entendait plus la musique.
→ ....
4 Il y avait beaucoup de gens qui faisaient la queue devant le magasin.
→ ....
5 Nous allions très souvent au théâtre à cette époque-là.
→ ....

7 Trouver 5 verbes à l'infinitif dans cette *sopa de letras* : **

A -

B	O	S	I	R	V	E
U	S	E	N	T	I	R
S	C	A	E	P	Y	O
C	O	N	O	C	E	R
A	E	D	Z	A	R	D
R	S	A	B	E	R	T
O	E	R	V	I	M	E

B - Compléter ces phrases avec les verbes trouvés à l'imparfait.

1 El niño había desaparecido y su madre lo ....
2 María no .... a nadie en aquel barrio y se .... muy sola.
3 De pronto me dí cuenta de que alguien .... detrás de mí.
4 Los médicos .... lo que .... que hacer.

L'IMPARFAIT DE L'INDICATIF

FORMATION

L'imparfait est formé sur le radical du verbe.

habl ar	com er	viv ir
parler	manger	vivre
habl**aba**	com**ía**	viv**ía**
habl**abas**	com**ías**	viv**ías**
habl**aba**	com**ía**	viv**ía**
habl**ábamos**	com**íamos**	viv**íamos**
habl**abais**	com**íais**	viv**íais**
habl**aban**	com**ían**	viv**ían**

TROIS VERBES (ET LEURS DÉRIVÉS) SONT IRRÉGULIERS

- **Ser** : era, eras, era, éramos, erais, eran.
- **Ver** : veía, veías, veía, veíamos, veíais, veían.
- **Ir** : iba, ibas, iba, íbamos, ibais, iban.

☞ Il n'y a jamais de diphtongaison à l'imparfait.

EMPLOI

L'imparfait est employé pour parler d'une durée dans le passé, pour faire une description, pour parler de gestes, de faits répétés.

*Cuando él **era** joven, **viajaba** mucho.*
Quand il était jeune, il voyageait beaucoup.

14 le passé simple

1 Mettre le verbe au passé simple. *

1. Yo (aprender) todas mis lecciones.
2. Tú (consentir).
3. Ella (cantar) villancicos.
4. Nosotros (cruzar) en los pasos de zebra.
5. Ellos (poder) cambiar las cosas.
6. La profesora (preparar) el examen.
7. Nosotros (cantar) la nueva canción de Mecano.
8. La secretaria (trabajar) muy tarde.
9. Vosotros (aprender) todas las lecciones.
10. Usted (comprar) la fruta en el mercado.

indice *Pour les verbes en -ar et en -ir, une des personnes du passé simple est identique à celle du présent. Laquelle ?*
N'oublie pas que les 1e et 3e personnes du singulier des verbes réguliers ont un accent : cantar → yo canté, él cantó ; aprender → yo aprendí, él aprendió ; vivir → yo viví, él vivió.
La 1e personne du pluriel des verbes en -ar est identique au passé simple et au passé composé : cruzar - cruzamos.

2 Conjuguer aux premières personnes du singulier et du pluriel. *

hablar	aprender	vivir
repetir	convertir	morir
ser	estar	tener

3 Relier les colonnes deux par deux. *

1	Carlos	cosieron	**6**	María y yo	condujo
2	Tú	recogiste	**7**	Nosotros	fueron
3	Yo	murió	**8**	Ellos	aprendimos
4	Nosotros	supe	**9**	Usted	quisimos
5	Ellos	escribimos	**10**	Vosotros	pudisteis

4 Donner l'infinitif, puis le passé simple de ces formes verbales. *

A - 1 diviertes **2** consiente **3** mienten **4** sentimos **5** hervís
B - 6 pido **7** repetís **8** corriges **9** sirven **10** conseguimos

indice *Que remarques-tu ? Au passé simple, le* e *du radical devient .... aux .... personnes du singulier et du pluriel. Quelle est la différence entre les verbes du groupe A et les verbes du groupe B ?*

5 Mettre les verbes au passé simple. *

1 Conducirás para llevarle al hospital.
2 Estaremos siempre a tu lado.
3 Ganaré una copa de joven.
4 Cogeré mi paraguas antes de marchar.
5 Ellos sabrán qué hacer.
6 Ella comprará todo lo necesario.
7 Jugarás al ajedrez con tu padre toda la noche.
8 Veremos a los médicos después de la operación.
9 Comerán todos los restos.
10 El será mi mejor amigo.

6 Choisir la réponse adéquate. **

1 Yo **quiso/quise** ir a la escuela.
2 Nosotros **fuimos/fueron** estudiantes.
3 La semana pasada, Juan **estuve/estuvo** en París.
4 Ayer, ustedes no **pudieron/pudiste**is salir : llovía.
5 El alumno no **supe/supo** contestar.

7 Relier les formes du présent aux formes correspondantes du passé simple. **

doy digo hago quiero sé vengo veo voy pongo puedo
puse vi fui di hice pude supe vine dije quise

indice *Tous ces verbes sont irréguliers. Il faut les apprendre par cœur.*

8 Utiliser les verbes de l'exercice 7 pour traduire ces phrases. **

1. Il n'a pas voulu le faire.
2. Je n'ai pas su répondre.
3. Quand elle l'a vu, elle s'est mise à crier.
4. Ils vous ont donné de bons conseils.
5. Juan est venu me voir deux fois la semaine dernière.
6. Vous (monsieur) lui avez dit la vérité.
7. Nous avons fait de gros efforts avant l'examen.
8. Où avez-vous mis le livre ? Personne n'a pu le trouver.

9 Transformer les phrases d'après le modèle. **

El lunes próximo será mi cumpleaños.
→ El lunes pasado fue mi cumpleaños.

1. La semana próxima iremos a verle. → ....
2. Te daré el libro el viernes próximo. → ....
3. Estaré en casa mañana. → ....
4. El año que viene aprobaré todos los exámenes. → ....
....
5. Me llamarás el sábado proximo. → ....

10 Employer le passé simple ou le passé composé, selon le cas. **

1. El mes pasado (él trabajar) muchísimo.
2. (Yo trabajar) muchísimo en mi vida.
3. En 1995 (tú ir) dos veces a Buenos Aires.
4. Desde 1990 (ella ir) todos los años en Argentina.
5. (Nosotros hablar) mucho de ti este fin de semana.
6. (Yo hablar) con María ayer.
7. Pedro (hacer) progresos enormes desde el principio del año.
8. En 1995, Pedro (pasar) un mes en España y (hacer) progresos enormes en español.

indice *On utilise toujours le .... pour des actions accomplies à un moment précis du passé et le .... pour des actions qui ont eu lieu dans une période de temps non encore terminée.*

LE PASSÉ SIMPLE

FORMATION

Le passé simple est formé sur le radical du verbe :

habl ar, parler	**com er**, manger	**viv ir**, vivre
habl**é**	com**í**	viv**í**
habl**aste**	com**iste**	viv**iste**
habl**ó**	com**ió**	viv**ió**
habl**amos**	com**imos**	viv**imos**
habl**asteis**	com**isteis**	viv**isteis**
habl**aron**	com**ieron**	viv**ieron**

IRRÉGULARITÉS DU PASSÉ SIMPLE

- **ser**, *être* / **ir**, *aller* } fui, fuiste, fue, fuimos, fuisteis, fueron
  dar, *donner* — di, diste, dió, dimos, disteis, dieron
  dormir, *dormir* — dormí, dormiste, durmió, dormimos, dormisteis, durmieron
- **Fermeture** de la voyelle (**e** → **i** / **o** → **u**) aux 3ᵉ pers. du sing. et du plur. : *sentir* → *sintió, sintieron* *pedir* → *pidió, pidieron*.
- **Modification orthographique** (i > y) aux 3ᵉ pers. du sing. et du plur. des verbes en ***-uir, -oir, -aer, -eer, -oer*** :
  concluir → *concluyó, concluyeron* *leer* → *leyó, leyeron*.
- Chute du **i** de la terminaison pour les verbes en ***-eñir, -ullir*** :
  reñir → *riñó, riñeron*.
- **Les "parfaits forts"** :
  – radical différent de celui de l'infinitif.
  – accent tonique sur le radical des 1ʳᵉ et 3ᵉ pers. du sing. (pas d'accent écrit).
  – une conjugaison spécifique pour tous les verbes de ce groupe :
  querer (vouloir) → *quise, quisiste, quiso, quisimos, quisisteis, quisieron*

ANDAR, *marcher* → anduve	PONER, *mettre* → puse
CABER, *tenir dans* → cupe	QUERER, *vouloir* → quise
DECIR, *dire* → dije	SABER, *savoir* → supe
ESTAR, *être* → estuve	TENER, *avoir* → tuve
HABER, *avoir* → hube	TRAER, *apporter* → traje
HACER, *faire* → hice	PODER, *pouvoir* → pude
VENIR, *venir* → vine	

Tous les verbes en ***-ducir***, et tous les composés de ces verbes.

15 le futur

1 Conjuguer au futur, à la personne donnée. *

1 Yo (aprender) en clase.
2 Nosotros (charlar) poco.
3 Ellos (comer) las manzanas.
4 Tú (toser) toda la noche.
5 Juan (comprar) la carne.
6 El niño (jugar) al fútbol.
7 Este año usted (ir) de vacaciones.
8 A ti te (gustar) el postre.
9 Vosotros (llegar) mañana.
10 Ustedes (mirar) la película.

indice *Comment se forme le futur ? Y a-t-il une différence entre les verbes en -ar, en -er et en -ir ?*

2 Conjuguer au futur, aux 1re et 3e personnes du singulier. *

1 Coser como una costurera.
2 Aclarar el agua.
3 Estudiar en la Universidad.
4 Vivir allí.
5 Comer espárragos.
6 Poder marcharse.
7 Tener miedo.
8 Salir con Carlos.
9 Hacer castillos de arena.
10 Saber cómo termina la pieza de teatro.

3 Relier les colonnes deux par deux. *

1	Yo	estudiaremos	6	Carlos y yo	dirán
2	Tú	cantará	7	Los alumnos	tendrás
3	Él	querré	8	Yo	haré
4	Nosotros	sabrás	9	Tú	haremos
5	Ustedes	podrán	10	Vosotros	saldréis

4 Mettre les verbes au futur. *

1 Leemos después de cenar.
2 Sabéis el final de la historia (mañana).
3 Nieva esta noche.
4 Arranco las malas hierbas del jardín.
5 Miras por la ventana.

6 Canto la nueva canción del verano.
7 Comemos pavo en Navidad.
8 Hago compras para toda la semana.

Remplir cette grille avec 6 des formes verbales obtenues.

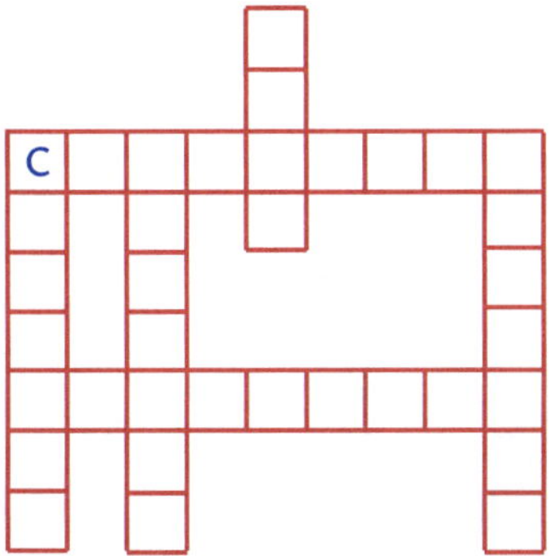

5 Changer le tutoiement en vouvoiement (*usted, ustedes*). **

1 ¿ Saldrás esta noche ?
2 No podrás venir a verme.
3 Haréis una fiesta para el cumpleaños de vuestro hijo.
4 Sabrás todo lo que ha pasado.
5 Tendréis muchos regalos para Navidad.

6 Transformer les phrases selon le modèle.

¡ Ven conmigo ! → Vendré contigo.
¡ Venid conmigo ! → Vendremos contigo.

1 ¡ Escuchad lo que os digo ! → ....
2 ¡ Dame la respuesta ! → ....
3 ¡ Vuelve a casa ! → ....
4 ¡ No os mováis ! → ....
5 ¡ Díselo ! → ....
6 ¡ Sal y cierra la puerta ! → ....
7 ¡ Ve la película ! → ....
8 ¡ Vestíos y venid con nosotros ! → ....
9 ¡ Come el pastel ! → ....
10 ¡ Pide la información allí ! → ....

7 Mettre les verbes au futur. Remplir la grille avec les formes obtenues. **

1 Hemos cogido les canicas.
2 Rieron de la broma.
3 Hacemos las compras en este tienda.
4 Son siete hermanos.
5 Has tenido mucha suerte.

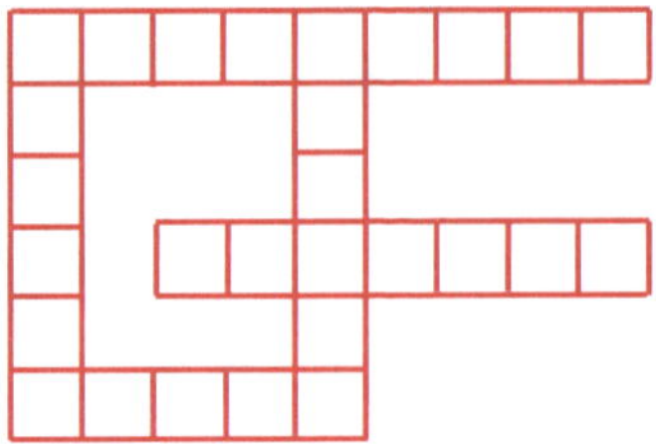

8 Traduire. **

1 Il ne vous dira jamais la vérité.
→ ....

2 Pedro nous appellera de Madrid.
→ ....

3 Nous ferons plus d'efforts pour réussir cette fois-ci.
→ ....

4 Ils mettront tous les livres sur la table et tout le monde pourra en prendre.
→ ....

5 Personne ne vous croira si vous racontez une histoire pareille, Monsieur.
→ ....

6 Je regarderai le film ce soir.
→ ....

7 Saurez-vous répondre à toutes ces questions ? (*vosotros*)
→ ....

8 Tu ne voudras plus jouer avec eux.
→ ....

9 Elles penseront que je suis malade.
→ ....

10 Elle ne sera jamais d'accord avec nous.
→ ....

LE FUTUR

FORMATION

Le futur est formé sur l'infinitif du verbe.
Les terminaisons sont les mêmes pour les trois groupes.

hablar	comer	vivir
hablar**é**	comer**é**	vivir**é**
hablar**ás**	comer**ás**	vivir**ás**
hablar**á**	comer**á**	vivir**á**
hablar**emos**	comer**emos**	vivir**emos**
hablar**éis**	comer**éis**	vivir**éis**
hablar**án**	comer**án**	vivir**án**

VERBES IRRÉGULIERS

Le radical est modifié à toutes les personnes ...

caber	→	cabré	querer	→	querré
decir	→	diré	saber	→	sabré
haber	→	habré	salir	→	saldré
hacer	→	haré	tener	→	tendré
poder	→	podré	valer	→	valdré
poner	→	pondré	venir	→	vendré

... et leurs composés.

16 le conditionnel

1 Mettre les verbes au conditionnel. *

1 Yo cambiaré las divisas.
2 Parecerá cansada.
3 Volveremos a Francia.
4 Sustituirán los dos libros.
5 Usted preguntará dónde está el mercado.
6 Te olvidarás el pan.
7 Os pondréis el traje nuevo.
8 Tendrá mucha hambre.
9 Ustedes saldrán tarde de la oficina.
10 Haré mis deberes.

indice *Comment forme-t-on le conditionnel à partir du futur ? Les terminaisons du conditionnel sont-elles les mêmes pour les verbes réguliers et irréguliers ?*

2 Conjuguer d'abord au futur et ensuite au conditionnel. *

1 (yo/quedarme) en casa tranquilo.
2 (ella/entender) el nuevo idioma.
3 (él/dormir) hasta las diez..
4 (a nosotros/gustar) su pastel.
5 (ellos/consentir) un plazo.
6 (vosotros/ver) a Juan.
7 (este traje/valer) poco.
8 Tú me (decir) algo.
9 Usted (no querer) venir.
10 Ustedes (venir) a vernos.

3 Trouver la forme du conditionnel. *

1 Yo .... bien con un buen profesor.
a) estudiaría b) estudiara
2 Nosotros .... de vacaciones a España.
a) volveríamos b) volvíamos
3 Usted .... una buena chuleta.
a) comerá b) comería

4 Tú .... buenas cosas.
a) pedirás b) pedirías

5 El alumno no ....
a) charlara b) charlaría

6 Ellos no .... a la escuela.
a) vendrían b) vendrán

7 Tú .... muchas cosas.
a) harías b) hacías

8 Nosotros .... contentos si tuvieras buenas notas.
a) estaremos b) estaríamos

9 La niña .... un caramelo.
a) querría b) quería

10 Vosotros .... trabajar mucho mejor.
a) podréis b) podríais

4 Mettre les verbes au conditionnel. *

1 Nosotros (ser) ricos si trabajáramos más.
2 Tú (estar) malo con este frío.
3 Yo (traer) más leña si la tuviera.
4 Usted (rascar) la tierra para encontrar oro.
5 Ellos (escribir) mejor con buenos bolígrafos.
6 Yo (tirar) con una buena escopeta.
7 ¿Dónde nosotros (ir) ?
8 Nosotros (reír) si no estuviéramos malos.

5 Relier les deux colonnes. **

1 Yo cantaría	a) si te lo hubieran dicho.
2 Tú lo sabrías	b) si nos lo pidiera.
3 El querría hablarte	c) si me acordara de la canción.
4 Podríamos hacerlo	d) si no hubiera tanto ruido.
5 Ustedes estudiarían mejor	e) si tuvieras tiempo de escucharle.

indice *Si le verbe de la principale est au conditionnel, le verbe de la subordonnée introduite par si est au ....*

6 Transformer selon le modèle. **

(yo) tener dinero/comprarlo → Si tuviera dinero, lo compraría.

1 (él) tener sed/beber este zumo → ....

2 (yo) estar en Madrid/ir a verla → ....

3 hacer frío/ponernos un jersey → ....

4 (yo) tener tiempo/escribir a Pedro → ....

5 (Usted) darme los libros/leerlos → ....

7 Transformer les phrases en mettant le premier verbe au passé simple ou à l'imparfait. **

1 Me dice que vendrá el sábado.

2 Me preguntan si comeré con ellos.

3 No sé quién podrá ayudarnos.

4 Sabes que aprobarás, ¿verdad?

5 Estoy seguro de que se enfadarán.

indice *Ici, la concordance des temps s'applique comme en français : Je sais que tu viendras. → Je savais que tu viendrais.*

8 Traduire. **

1 Il aimerait savoir où vous passez vos vacances.

→ ....

2 Nous serions heureux de vous rencontrer.

→ ....

3 Elle pourrait vous aider.

→ ....

4 Il m'a dit qu'il sortirait demain.

→ ....

5 Ils voulaient savoir si nous viendrions.

→ ....

LE CONDITIONNEL

FORMATION

Le conditionnel est formé sur l'infinitif du verbe.
Les terminaisons sont les mêmes pour les trois groupes.

hablar	**comer**	**vivir**
hablar**ía**	comer**ía**	vivir**ía**
hablar**ías**	comer**ías**	vivir**ías**
hablar**ía**	comer**ía**	vivir**ía**
hablar**íamos**	comer**íamos**	vivir**íamos**
hablar**íais**	comer**íais**	vivir**íais**
hablar**ían**	comer**ían**	vivir**ían**

Certains verbes sont irréguliers : le radical est modifié à toutes les personnes.
Ce sont les mêmes qu'au futur :

caber	→	cabr**ía**
decir	→	dir**ía**
haber	→	habr**ía**
hacer	→	har**ía**
poder	→	podr**ía**
poner	→	pondr**ía**
querer	→	querr**ía**
saber	→	sabr**ía**
salir	→	saldr**ía**
tener	→	tendr**ía**
valer	→	valdr**ía**
venir	→	vendr**ía**

et leurs composés.

17 l'impératif

1 Donner un ordre à la personne indiquée. *

1 (tú/hablar) con él.
2 (nosotros/insistir) para que venga.
3 (vosotros/comer) pescado.
4 (usted/leer) este libro.
5 (ustedes/abrir) todas las ventanas.
6 (tú/cerrar) la tienda hoy.
7 (nosotros/pedir) un día de vacaciones.
8 (vosotros/oír) bien a los vecinos.
9 (usted/ser) el director de la empresa.
10 (ustedes/ir) a ver la fábrica.

indice *Les formes de l'impératif sont empruntées à l'indicatif et au subjonctif. La seule forme propre à l'impératif est ....*

2 Mettre les phrases de l'exercice 1 au négatif. *

3 Relier les colonnes deux par deux. *

1	comamos	tú	6	haga	nosotros
2	vivan	vosotros	7	ve	tú
3	habla	usted	8	pongan	ustedes
4	cosa	ustedes	9	salgamos	usted
5	mirad	nosotros	10	venid	vosotros

4 Choisir la réponse adéquate. *

1	¡ .... usted la luz, por favor !	a) enciende	b) encienda
2	¡ .... tu chuleta !	a) comas	b) come
3	.... vuestras lecciones.	a) repetid	b) repiten
4	¡ .... antes de las diez de la noche !	a) vuelven	b) vuelvan
5	¡ .... este libro !	a) leed	b) leáis

6 ¡ .... tu jersey ! a) ponte b) ponga
7 ¡ .... a la carnicería ! a) vas b) ve
8 ¡ .... tus deberes ! a) hagas b) haz
9 ¡ .... la puerta, niños ! a) cerrad b) cierran
10 ¡ .... la cuenta antes de marcharnos ! a) pedimos b) pidamos

indice *La 2e personne du singulier (tú) de l'impératif est identique à la .... de l'indicatif présent. La 3e personne du singulier (usted) est identique à la .... du subjonctif présent.*

5 Mettre ces phrases à l'impératif. *

1 (vosotros/contar) historias a los niños.
2 (nosotros /comer) pronto.
3 (nosotros/no mirar) los escaparates.
4 (ustedes/alimentar) a los pobres.
5 (tú/saber) tus lecciones.
6 (tú/escribir) a tus padres.
7 (usted/encontrar) a mucha gente.

6 Transformer les phrases selon les modèles : **

A - Hablas con tu padre. → ¡ Habla con tu padre!
1 Vienes a las ocho.
2 Escucháis la música.
3 Usted llega mañana.
4 Ustedes aceptan nuestra invitación.
5 Comemos fuera esta noche.
6 Te pones las gafas.
7 Ustedes arreglan el coche.
8 Pagamos la fruta.
9 Recuerdas mi nombre.
10 Devolvéis el libro.

B - ¡ Habla con tu padre ! → ! No hables con tu padre !

indice *Pour exprimer la défense, on utilise la forme négative de ....*

7 Remplacer le nom en gras par un pronom. **

1 ¡ Pregunta **a Pedro** !
2 ¡ Mira **la película** !
3 ¡ Esperemos **al director** !
4 ¡ Esconded **las llaves** !
5 ¡ Construye **la casa** !
6 ¡ Escucha **a tus padres** !
7 ¡ Traduzca **el texto** !
8 ¡ Pague (usted) **el billete** !
9 ¡ Deje (usted) **el lapiz** aquí !
10 ¡ Tome (usted) **la copa**.

indice *A l'impératif, le pronom personnel complément se place après le verbe et se soude à lui. Ce phénomène appelé .... a lieu aussi avec l'infinitif et le ....*

8 Mettre à l'impératif. **

1 Nos los muestras.
2 Te despiertas.
3 Os vestís.
4 Lo decides.
5 La llevamos.
6 Nos lavamos.
7 Me lo dices.
8 Se las das.
9 Os acercáis.
10 Me miras y me escuchas.

indice *Attention ! Pour les formes réfléchies, les deux premières personnes du pluriel subissent une modification orthographique. Laquelle ? (phrases 3, 6 et 9).*

9 Traduire. **

1 Ne me parle pas de ce garçon !
2 Viens ici et écoute-moi bien !
3 Ne vous fâchez pas, Madame !
4 Regardez, les enfants !
5 Oubliez tout ce que je vous ai dit, Monsieur !
6 Ne partez pas avant 5 heures !
7 Où est-elle ? Appelle-la.
8 Je veux cette photo. Donne-la-moi !
9 Fermez les fenêtres, s'il vous plaît.
10 Le livre ? Prends-le !

L'IMPÉRATIF

On utilise l'impératif pour donner des ordres.
¡ Dame ésto ! Donne-moi cela.

FORMATION

	hablar	comer	vivir	
(tú)	**habl** a	**com** e	**viv** e	<– 3e pers. ind. prés.
(**usted**)	habl e	**com** a	**viv** a	<– 3e pers. subj. prés.
(nosotros)	habl emos	**com** amos	**viv** amos	<– 1re pers. subj. prés.
(vosotros)	habl ad	**com** ed	**viv** id	
(ustedes)	**habl** en	**com** an	**viv** an	<– 3e pers. pl. subj. prés.

- Les irrégularités de l'indicatif présent et du subjonctif se retrouvent aux personnes correspondantes de l'impératif.
  sentir → *siento* → *siente, sienta.*
- Verbes irréguliers à la deuxième personne du singulier : il est placé après le verbe et soudé à celui-ci (voir p. 85).

– *hacer* : ***haz***	– *venir* : ***ven***
– *poner* : ***pon***	– *salir* : ***sal***
– *tener* : ***ten***	– decir : ***di***
– *ser* : ***sé***	– *ir* : ***ve***

Ainsi que tous les composés de ces verbes.

Avec l'impératif, le pronom complément est enclitique : il est placé après le verbe et soudé à lui (voir p. 85).
Me das la carta. *¡ **Dámela** !*
Tu me donnes la lettre. Donne-la moi !

L'IMPÉRATIF NÉGATIF

Pour exprimer la défense ou l'interdiction, on utilise *no* + subjonctif présent : *¡ Mira !* → *¡ No **mires** !*

18 le présent du subjonctif

1 Mettre les verbes au subjonctif présent. *

1 Hace falta que (quedarme) en casa.
→ ....

2 Tal vez (tú/creer) en los fantasmas.
→ ....

3 Es necesario que (ellos/hablar) a los profesores después de las clases.
→ ....

4 Es preciso que (usted/volver) a casa después.
→ ....

5 Quizás (vosotros/querer) tener buenas notas.
→ ....

indice ***P**our les verbes en -ar, les terminaisons de l'indicatif présent sont en -a- et celles du subjonctif présent en -e- :* lavas *(indicatif),* laves *(subjonctif). Et pour les verbes en -er et -ir ?*

2 Construire des phrases avec les éléments donnés. Commencer par : *

A - Es necesario que ...

1 Yo merendar bien. → ....

2 Tú coser dos o tres cosas. → ....

3 Nosotros entender lo que quiere decir.
→ ....

4 Yo insistir para que vuelvas. → ....

5 Nosotros desayunar todos juntos. → ....

B - Es posible que ...

6 Él suponer el resultado. → ....

7 Tú reír de sus tonterías. → ....

8 Ustedes entretener una buena amistad. → ....

9 Vosotros pedir más dinero. → ....

10 Ella conducir un camión. → ....

3 Mettre ces verbes à l'infinitif, puis à la forme correspondante du subjonctif présent. *

1 están
2 hablamos
3 vive
4 cose
5 aprendes
6 tenéis
7 sabe
8 exprimes
9 expresan
10 cruzamos

indice ***A**ttention à la phrase 10 ! Quelle modification orthographique observes-tu au subjonctif présent ? Pourquoi ?*

4 Choisir la réponse adéquate. *

1 Quiero que .... tus lecciones.
a) aprendes b) aprendas

2 ¡ No .... todos los caramelos !
a) comas b) comes

3 Esperamos que .... pronto.
a) vuelva b) vuelve

4 Acaso .... comprar el regalo.
a) podamos b) podemos

5 ¡ No .... !
a) fuman b) fumen

6 Usted dice que no .... más.
a) hablemos b) hablamos

7 ¡ No .... tarde !
a) venís b) vengáis

8 Quizás .... bien hoy.
a) conduzca b) conduces

9 No quiero que mi hija .... esta noche.
a) salga b) sale

10 Acaso .... ustedes buen tiempo.
a) tienen b) tengan

5 A - Mettre les verbes au subjonctif présent. *

1 Quieren que nosotros (conducir) el coche de nuestros padres.
→ ....

2 Quiero que tú (contestar) bien.
→ ....

3 Es posible que ella (entender) la última lección.
→ ....

4 No es posible que tú no (escuchar).
→ ....

5 Diles que (cenar).
→ ....

6 Espero que no (ser) una mala sorpresa.
→ ....

7 No (tú tartamudear) así.
→ ....

B - Placer les formes obtenues dans la grille.

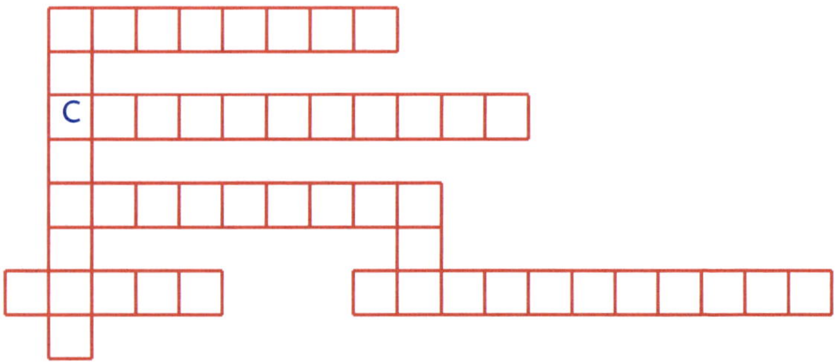

6 Conjuguer à la personne précisée. **

1 Quiero que tú (poner) un jersey.
→ ....

2 Es posible que ustedes (valer) para este trabajo.
→ ....

3 No es posible que nosotros no lo (saber).
→ ....

4 Deseas que ellos (estar) de vacaciones contigo.

→ ....

5 Yo no quiero que (él ser) mi cuñado.

→ ....

7 Dans les phrases suivantes, remplacer *a lo mejor par quizás* et faire les modifications nécessaires. **

1 A lo mejor está enfermo.
2 A lo mejor tendré tiempo para hablar con él.
3 A lo mejor quiere usted un pastel.
4 A lo mejor nos vemos mañana.
5 A lo mejor os dirá la verdad.

indice **A** lo mejor *est suivi de l'indicatif.* Quizás *est toujours suivi du ....*

8 Transformer selon le modèle : **

¡ Ven ! → Es necesario que vengas.

1 ¡ Dímelo !
2 ¡ Conducid el coche !
3 ¡ Hable usted con él !
4 ¡ Sé bueno con el chico !
5 ¡ Respóndeme !
6 ¡ Dejad los libros aquí !
7 ¡ Cuéntamelo !
8 ¡ Repetid esta frase !
9 ¡ Empezad !
10 ¡ Defienda usted a su hijo !

9 Mettre les verbes au futur de l'indicatif ou au subjonctif présent. **

1 (yo cerrar) la puerta cuando (tú salir).
2 (él hacer) lo que (ustedes querer).
3 (nosotros llamar) a Pedro en cuanto (tú llegar)
4 (yo contarte) todo tan pronto como lo (saber).
5 (él escribir) a sus padres en cuanto (tomar) la decisión.

indice ***Si** la principale est au futur, le verbe de la subordonnée de temps est au subjonctif.*

10 Transformer selon le modèle : **

Vienes con nosotros. (**Insisto**)

→ Insisto para que vengas con nosotros.

1 Hace buen tiempo. (No creo)

→ ....

2 Me pides un consejo. (Quiero)

→ ....

3 Saben lo que pasó. (No estoy seguro de que)

→ ....

4 Hablan muy bien español. (Me gustará)

→ ....

5 Aprueban los exámenes. (Sus padres quieren)

→ ....

11 Traduire. **

1 Je ne crois pas qu'ils nous accompagnent cette fois-ci.

→ ....

2 Je veux que tu passes plus de temps avec ton petit frère. Il faut que quelqu'un s'occupe de lui.

→ ....

....

3 Peut-être (*tal vez*) qu'il fera beau mais je ne suis pas sûr que nous pourrons déjeuner sur l'herbe. Je crains que la terre soit encore mouillée.

→ ....

....

4 J'irai où tu voudras et je ferai ce que tu voudras mais arrête de crier !

→ ....

....

5 Ils nous enverront un télégramme dès qu'ils arriveront en Australie. Quand je le recevrai, je t'appellerai.

→ ....

....

LE PRÉSENT DU SUBJONCTIF

FORMATION

Le présent du subjonctif se forme à partir de la 1re personne de l'indicatif présent.

hablar	comer	vivir
habl e	**com** a	**viv** a
habl es	**com** as	**viv** as
habl e	**com** a	**viv** a
habl emos	**com** amos	**viv** amos
habl éis	**com** áis	**viv** áis
habl en	**com** an	**viv** an

IRRÉGULARITÉS DU SUBJONCTIF PRÉSENT

Ce sont les mêmes que celles de la 1re personne du singulier de l'indicatif présent (voir p. 43) : *caigo* → *caiga...*
Les verbes *haber, ir, ser, saber* sont complètement irréguliers. Voir liste des verbes irréguliers p. 130 et 132.

EMPLOI

- Pour exprimer un ordre, une crainte ou un désir. Après *querer que, desear que, temer que, decir que, pedir que...*
  Quiero que ***comas***. Je veux que tu manges.
- Pour donner un ordre négatif.
  ¡ No ***comas*** *! Ne mange pas !*
- Pour indiquer un doute, une possibilité. Après *quizás, tal vez, acaso, es posible que, puede ser que, puede que, no creo que...*
  Quizás ***venga*** *mañana*. Peut-être viendrai-je demain.
  No creo que ***llueva*** *mañana*. Je ne crois pas qu'il pleuve demain.
- Dans la subordonnée, si le verbe de la principale est au futur ou au conditionnel.
  Vendré cuando ***quieras***. Je viendrai quand tu voudras.
- Après les conjonctions de but.
  Es ***para que*** *comas bien*. C'est pour que tu manges bien.
- Pour exprimer la crainte, le regret.
  ¡ Lástima que no ***venga*** *!* Dommage qu'elle ne vienne pas !

19 l'imparfait du subjonctif

1 Conjuguer à l'imparfait du subjonctif. *

1 Deseaba que yo (comprender) lo que dice el hombre.
2 Era necesario que nosotros (sustentarse) con pocas calorías.
3 Era preciso que ellos (salir) para ir a una farmacia.
4 Queríamos que tú (usar) el teléfono si necesario.
5 Yo no deseaba que ella (creer) que no era su amiga.

2 Conjuguer au subjonctif imparfait, aux premières personnes du singulier et du pluriel. *

1 participar
2 colgar
3 decir
4 luchar
5 agradecer

3 Utiliser les formes obtenues dans l'exercice 2 pour compléter les phrases. *

1 Querían que (nosotros) .... por un ideal.
2 Me pidió que .... a un juego.
3 Había pedido que (yo) .... el teléfono.
4 Querría que (yo) le .... por los regalos.
5 Insistió para que (nosotros) .... la verdad.

4 Relier les colonnes deux par deux. *

1	Yo	vinieras	6	Yo	pusieran
2	Nosotros	repararan	7	Nosotros	sintiera
3	Tú	disculparais	8	Tú	pusiésemos
4	Ellas	consistéramos	9	Ellas	vinieses
5	Vosotros	colgara	10	Vosotros	dieseis

5 Choisir la réponse adéquate. *

1 Yo quería que ....
a) vinieras b) vengas c) vienes

2 Nosotros viajamos para que .... a la familia.
a) veas b) vieras c) verás

3 Miraste para que .... todos bien.
a) comieran b) coman c) comerás

4 Hablabas fuerte para que .... todos.
a) oyeran b) oían c) oigan

5 Escribisteis para que .... regalos.
a) os mandarán b) os mandarían c) os mandaran

6 Mettre les verbes au subjonctif imparfait. *

1 Querían que los (admirar ellos).
2 Era necesario que yo le (entender).
3 No quería que (atrasarnos).
4 Tu madre no quería que (alejarte).
5 No era necesario que (ella salar) más.
6 Ella deseaba que (vosotros/luchar) por vuestros estudios.
7 La profesora deseaba que los alumnos (reflexionar).
8 Las madres deseaban que sus hijos (soñar) con los angelitos.

7 Mettre au passé. **

1 Quieres que yo haga algo por ella.
2 Deseas que nosotros sepamos que estás contento.
3 No quieres que ellos conduzcan el coche nuevo.
4 No quieren que oigas las riñas.
5 Sus padres no quieren que ella vaya a la feria.

8 Mettre le verbe à la forme qui convient. **

1 Buscaba un jersey que (tener) mucha lana.
2 Era para que ustedes (aprender) la canción.
3 Deseábamos que (poder vosotros) ir de vacaciones.
4 Nos enseñó su libro para que (comprender nosotros) .
5 Compró el periódico para que lo (leer vosotros).

9 Mettre au passé. **

1 Juan me pide que le preste un libro.
2 Es necesario que encontremos una película que les guste a todos.
3 Es mejor que no se lo digas.
4 Te llamo para que me ayudes.
5 Nunca se queda en casa a no ser que esté enfermo.
6 Es difícil que sus amigos comprenden sus problemas.
7 Es preciso que les des todos los detalles.
8 Quieren que escribas al director.
9 Hace falta que esperen hasta el lunes.
10 Es posible que nadie lo crea.

10 Rassembler les débuts et les fins des phrases. **

1 Si tuviera hambre
2 Si te quedaras con nosotros
3 Si hablaran en voz alta
4 Si estuvierais atentos
5 Si mi madre me llamara

a) lo comprenderíais todo.
b) se tomaría un bocadillo.
c) iríamos juntos al cine.
d) tendría que irme en seguida.
e) todo el mundo les oiría.

11 Transformer selon le modèle : **

Si lo puedo, lo haré. → Si lo pudiera, lo haría.

1 Si me llama, iré.
2 Si hace buen tiempo, saldremos.
3 Si no lo sabes, no contestarás.
4 Si te despiertas a las cinco de la mañana, estarás cansado.
5 Si te encuentras mal, llamaré al médico.

L'IMPARFAIT DU SUBJONCTIF

FORMATION

L'imparfait du subjonctif a deux formes : en *-ra* et en *-se*.
Les deux se forment à partir du radical de la 3e personne du pluriel du passé simple.

hablar : habl **aron**	comer : com **ieron**	vivir : viv **ieron**
habl**ara/se**	com**iera/se**	viv**iera/se**
habl**aras/ses**	com**ieras/ses**	viv**ieras/ses**
habl**ara/se**	com**iera/se**	viv**iera/se**
habl**áramos/semos**	com**iéramos/semos**	viv**iéramos/semos**
habl**arais/seis**	com**ierais/seis**	viv**ierais/seis**
habl**aran/sen**	com**ieran/sen**	viv**ieran/sen**

LES IRRÉGULARITÉS

Les irrégularités sont celles du passé simple :

andar	→	anduviera...	poder	→	pudiera ...
caber	→	cupiera ...	poner	→	pusiera ...
dar	→	diera	querer	→	quisiera ...
decir	→	dijera	saber	→	supiera ...
estar	→	estuviera ...	ser	→	fuera ...
haber	→	hubiera ...	tener	→	tuviera ...
hacer	→	hiciera...	traer	→	trajera
ir	→	fuera ...	venir	→	viniera ...
verbes en *-ducir*	→	*dujera*			

EMPLOI

- dans la subordonnée de temps, si la principale est au passé ou au conditionnel :
  ***Haré** lo que me **digas**.* → ***Haría** lo que me **dijeras**.*
- après ***como si*** : *Hablas como si no la **conocieras**.*
- à la place du conditionnel avec ***haber*** et ***querer*** :
  Quisiera irme. Je **voudrais** partir.

20 l'enclise

1 Remplacer les noms en gras par des pronoms personnels. *

1 Hablo **a esta niña**.
2 Te he dado **mi bolso**.
3 Estás mirando **la pizarra**.
4 Compras **el libro**.
5 Quiero ver **a mi amiga**.
6 No me digas **mentiras**.
7 ¡ Escucha **la música** !
8 Pondrás **un jersey**.
9 Hay que hacer **el ejercicio**.
10 ¡ Comed **los bocadillos** !

indice *L'enclise consiste à placer les pronoms compléments après le verbe et à les coller à lui. Dans quelles phrases de cet exercice peut-on faire l'enclise ? A quelles formes verbales correspond-elle ?*

2 A - Remplacer le complément par le pronom qui correspond. *

Ves al niño. → Lo ves.

1 Habláis el francés.
2 Cambian los artículos.
3 Alabas tu ciudad.
4 Amenaza a los policías.
5 Pides unos ejercicios.
6 Compras la fruta.
7 Comes las chuletas.
8 Bebes el vino.
9 Contamos las historietas.
10 No conduces mi coche.

B - Faire précéder les expressions obtenues par *querer que*.

Lo ves. → Quieres verlo.

3 Remplacer les noms par des pronoms. Ensuite, transformer les défenses en ordres positifs. *

¡ No cojas el libro! → ¡ No lo cojas ! → ¡ Cógelo !

1 ¡ No fumes el cigarro !
2 ¡ No escribas la carta !
3 ¡ No llames a Carlos !
4 ¡ No miremos el reloj !
5 ¡ No comiences el ejercicio sin mí !
6 ¡ No aprendas tus lecciones !

7 ¡ No olvidemos de comprar el periódico !
8 ¡ No se ponga este vestido !
9 ¡ No escuchemos a Manuel !
10 ¡ No te compres este jersey !

4 Choisir la réponse adéquate. *

1 Es tu padre : ....
a) escúchala b) escúchalo c) lo escucha

2 No abras la puerta ; ....
a) ciérrala b) la cierra c) cierralo

3 ¡Aprende las lecciones ! Estoy ....
a) aprendiéndolos b) aprendiéndolas c) aprendiendoles

4 ¡ .... hablar ! Quiere decir algo.
a) dejémoslos b) dejémosla c) la dejamos

5 A usted le gusta este libro : ....
a) compradlo b) cómprelo c) compralo

5 Remplacer les noms par des pronoms et faire l'enclise. **

1 Estás escribiendo a Carlos.
2 Te quiero dar mi bolígrafo.
3 No podrá ver todos los paises.
4 Me tienes que dar tu dirección.
5 ¡ Conduce este coche !

indice *Attention aux phrases 2 et 4 ! Quel est l'ordre des pronoms compléments ?*

6 Remplacer les compléments par les pronoms qui correspondent. **

1 Da **a Juan esta ropa vieja**.
2 Hay que acostar **a los niños**.
3 Vas a enseñar **tus joyas al vendedor**.
4 Quiere decir **su secreto a su amiga**.
5 No digas **esto a tu abuelo**.

indice *Lorsque deux pronoms se suivent, le pronom complément indirect le devient ....*

7 Choisir la réponse adéquate. **

1 Hay sillas : ¡ .... !
a) sentaros b) os sentáis c) sentaos

2 No .... quiero dar.
a) te los b) los te c) ti

3 El profesor quiere ....
a) habladnos b) nos habla c) hablarnos

4 Después de .... visto, lo compró.
a) haberlo b) habiendole c) lo ha

8 Transformer selon le modèle, en respectant le temps du verbe. **

Pones las gafas. → Las pones → Tienes que ponerlas.

1 Pagáis la multa.
2 Escribirán la carta.
3 Leeremos el libro.
4 Terminaba mi trabajo.
5 Echamos la ropa en el suelo.
6 Tomabas el tren.
7 Recuerdo el accidente.
8 Ella arreglaría su coche.
9 Haremos las cuentas.
10 Siguen el grupo de turistas.

9 Reprendre les phrases de l'exercice 8 et les transformer selon le modèle : **

Pones las gafas. → Estás poniéndolas.

10 Traduire. **

1 Appelle-le et dis-lui de nous apporter des gâteaux.
→ ....

2 Où est le livre ? Je voudrais te le donner mais je ne le trouve pas.
→ ....

3 Asseyez-vous, les enfants, et écoutez-moi.
→ ....

4 L'histoire que tu es en train de nous raconter n'est pas drôle du tout. Raconte-nous-en une autre.
→ ....

5 Peux-tu me jurer que tu es innocent ? Jure-le-moi !
→ ....

L'ENCLISE

A l'impératif, à l'infinitif et au gérondif, les pronoms personnels compléments et les pronoms réfléchis se placent après le verbe et se soudent à lui.

***Lo** veo.* Je le vois.	→	*Tengo que ver**lo**.* Je dois le voir !
***La** miras.* Tu la regardes	→	*Estás mirándo**la**.* Tu la regardes (maintenant).
*¡ Ayuda **a tu padre** !* Aide ton père !	→	*¡ Ayúda**le** !* Aide-le !

Attention ! Ne pas oublier l'accent écrit !

Avec les pronoms réfléchis, la 1e et la 2e personnes du pluriel de l'impératif perdent leur consonne finale.

Os laváis. Vous vous lavez	→	*¡ Lava**os** !* Lavez-vous !
Nos paseamos. Nous nous promenons	→	*¡ Paseémo**nos** !* Promenons-nous !

S'il y a deux pronoms, le pronom complément indirect est toujours placé avant le pronom complément direct.

Me das el libro. → Tu me donnes le livre.	***Me lo** das.* Tu me le donnes .	*¡ Dá**melo** !* Donne-le moi !

21 ser et estar

1 Compléter avec *ser* ou *estar* au présent. *

1 Yo .... un alumno.
2 Él .... en un colegio.
3 Nosotros .... franceses.
4 Yo .... más grande que tú.
5 Tú .... de París.
6 .... las doce.
7 Ella .... trabajando.
8 Esto .... imposible.
9 ¿ Dónde .... el libro ?
10 Usted .... muy simpático.

indice **Ser** *ou* estar *? .... décrit un état permanent ; .... décrit un état passager.*

2 Traduire les phrases suivantes : *

1 Je suis une fille.
→ ....

2 Je suis à Madrid.
→ ....

3 La famille est en vacances.
→ ....

4 La famille est très importante pour moi.
→ ....

5 Ce garçon est très intelligent.
→ ....

6 Ses chats ne sont pas affectueux.
→ ....

7 Ces livres sont lus par tous les élèves.
→ ....

8 Le facteur est là.

→ ....

9 Nous ne sommes pas coupables.

→ ....

10 Tu es content ?

→ ....

indice *Quel est l'auxiliaire du passif :* **ser** *ou* **estar** *?*

3 Choisir la réponse adéquate. *

1 Yo .... en casa a las diez y media de la mañana.
a) estaré b) seré

2 La casa .... construida el año pasado.
a) estuvo b) fue

3 Carlos .... el segundo de mis hijos.
a) es b) está

4 Mi abrigo .... el rojo.
a) está b) es

5 ¿ Qué hora .... ?
a) es b) está

6 La cena .... preparada esta mañana.
a) estuvo b) fue

7 Si .... malo, llamaría al médico.
a) estuviera b) fuera

8 El coche .... aparcado muy lejos.
a) era b) estaba

9 Su hermana .... de vendedora.
a) está b) es

10 .... en 1995.
a) estuvo b) fue

4 Compléter avec *ser* ou *estar* au présent. *

1 Este cuaderno .... para la clase de español.

2 ¿ Dónde .... Luis ?

3 (Yo) .... trabajando el inglés.

4 Esta paella .... muy buena.
5 Mi hija .... rubia.
6 ¿ Quién .... el nuevo profesor ?
7 Este vestido no .... el tuyo, ... el mío.
8 Lo que hacen los gamberros (*voyous*) no .... bien.
9 Madrid .... la ciudad donde vivo.
10 Esta casa .... muy bonita.
11 Los precios .... controlados por el responsable.
12 ¿ Cuándo .... tú de vacaciones?
13 El jersey que he comprado .... negro.
14 Mi madre .... enfermera.
15 Mi madre .... enferma.
16 El vestido de la novia .... blanco.
17 Usted .... invitado a la boda.
18 Mi hermano .... el chico rubio.
19 Este regalo .... para tu cumpleaños.
20 La cena .... muy rica.

indice *Quel est le sens de l'adjectif* rica *dans la phrase 20 ? Comment dirais-tu : "Elle est riche" ?*

5 Mettre les phrases de l'exercice précédent à l'imparfait. **

6 Traduire. *

1 La porte était fermée.
→ ....
2 On a fermé la porte à clé.
→ ....
3 Ce chien est très méchant.
→ ....
4 Pedro a été très malade.
→ ....
5 Nous sommes catalans.
→ ....
6 Nous serons en Catalogne en mai.
→ ....

7 Que tu es belle aujourd'hui !

→ ....

8 C'est la plus belle femme que je connaisse.

→ ....

9 Cette voiture est à toi.

→ ....

10 Ta voiture est là-bas.

→ ....

7 Compléter avec *ser* ou *estar*. **

1 ¿ .... listos, niños? ¡ Vámonos !

2 ¿ Crees que .... más feliz si .... más rico ?

3 Es posible que Juan .... más listo de lo que yo creía.

4 Cuantos más amigos tiene, tanto más contento ....

5 Comeremos tan pronto como .... puesta la mesa.

6 Hablaremos de esto cuando (tú) .... mayor.

7 Cuando salieron del cine .... ya de noche.

8 .... necesario que (usted) .... en casa cuando lleguen.

9 Los mejores estudiantes .... felicitados ayer por el profesor.

10 ¡ Cállate ! No .... para reír (yo).

8 Traduire. **

1 La petite maison qui est juste derrière l'église a été construite au XIXe siècle.

→ ....

2 Tu es sourd ? Tu n'entends pas qu'on sonne à la porte.

→ ....

3 Toutes les lettres ont été signées par le directeur : elles sont là, sur le bureau.

→ ....

....

4 Je suis prêt. Appelle-moi dès que tu seras chez toi.

→ ....

5 Ça y est ! Le fax a été envoyé.

→ ....

6 Nous étions sur le point de sortir quand le téléphone a sonné.

→ ....

7 C'est lui qui m'a dit que Maria était malade.

→ ....

8 Son devoir était de s'assurer que toutes les fenêtres étaient bien fermées.

→ ....

9 Je ne suis pas sûr qu'il soit aussi timide que vous le dites.

→ ....

10 Qu'est devenu ton ami ? Il était vraiment très sympathique !

→ ....

9 Trouver 12 formes des verbes *ser* et *estar* dans cette *sopra de letras.*

Les recopier en mettant les accents si nécessaire. **

S	O	Y	E	S	A	T
E	S	E	S	T	A	N
R	N	O	T	R	S	S
E	S	T	A	M	O	S
I	F	S	R	Y	I	O
S	U	O	E	O	S	N
E	E	S	T	U	V	E
R	R	E	M	N	O	P
A	A	M	I	E	N	S

SER ET ESTAR

SER

+ nom attribut : ***Es** pastelero*. Il est pâtissier.

+ pronom : *Esa casa **es** tuya*. Cette maison est à toi.

+ nombre ou indéfini : ***Son** cinco/muchos*. Ils sont cinq/nombreux.

+ infinitif : *Lo difícil **es** encontrarla*. Ce qui est difficile c'est de la trouver.

> *Ser* détermine un caractère définitif, une origine, une possession, une matière, une propriété. Il est aussi l'auxiliaire du passif.

ESTAR

+ complément de lieu : ***Está** en la librería*. Il est dans la librairie.

+ complément de temps : *Mañana **estaremos** a martes*. Demain nous serons mardi.

+ situation, attitude : ***Estar** de vacaciones*. Être en vacances.

> *Estar* évoque tout ce qui est passager (lieu, moment), une situation accidentelle. Il sert aussi à construire la forme progressive.

SER OU ESTAR + ADJECTIFS

ser bueno : être gentil	*estar bueno* : être bon
ser malo : être méchant	*estar malo* : être malade
ser listo : être intelligent	*estar listo* : être prêt
ser rico : être riche	*estar rico* : être savoureux

☛ Comparer :

*La puerta **está abierta***. La porte est ouverte. (état)
*La puerta **es abierta** por el viento*. La porte est ouverte par le vent. (passif)

22 les formes impersonnelles

1 Transformer les phrases selon le modèle : *

Aquí venden pan → Aquí se vende pan.

1 Trabajan en la biblioteca.
2 Descubren una nueva materia.
3 Quitan los abrigos al entrar.
4 Escriben en francés.
5 Cortan las hojas de papel en esta empresa.
6 Necesitan secretarias.
7 Hablan mucho de este actor.
8 No gritan aquí.
9 Buscan un director.
10 Hacen mucho ruído.

indice *Le complément d'objet direct devient sujet dans la forme impersonnelle avec se. Le verbe peut donc être au singulier ou au pluriel.*

2 Mettre les phrases obtenues dans l'exercice 1 à l'imparfait. *

3 Traduire les phrases suivantes : *

1 On attend longtemps chez le médecin.
→ ....
2 On vous écrira pendant les vacances.
→ ....
3 On prépare les fêtes du village.
→ ....
4 On mange beaucoup de cerises en juin.
→ ....
5 On a toujours besoin de gens qualifiés.
→ ....

indice *Dans quelle phrase "on" est-il l'équivalent de "nous" ? Comment se traduit-il dans ce cas ?*

4 Compléter avec *hay* ou *hace.* *

1 .... ladrones en este barrio.
2 .... unos días que no le veo.
3 .... tres años que nos conocemos.
4 .... mucha sal en la comida.
5 .... cosas que se dicen y otras no.

indice *"Il y a" se traduit par* **hace** *lorsqu'il est suivi d'un complément de ....*

5 Choisir la réponse adéquate. *

1 **Hay/hace** tiempo que no escribo a mi abuela.
2 ¡ **Hay/hace** mucho trabajo! ¡ A trabajar!
3 Cuando se quiere algo, **hay/hace** que merecerlo.
4 **Hay/hace** buen tiempo hoy.
5 **Hay/hace** mucho trabajo.
6 **Hay/hace** tiempo para divertirse y tiempo para trabajar.
7 **Hay/hace** diez años que os casasteis.
8 **Hay/hace** ya mucho tiempo que terminé mis estudios.

indice ***D****ans deux de ces phrases,* **hay** *et* **hace** *ne se traduisent pas par "il y a". Quelles sont-elles ? Traduis-les.*

6 Compléter avec la bonne forme de *haber* ou *hacer.* **

1 Si (hacer) frío me pondría un abrigo.
2 Es posible que (haber) mucha gente en el museo.
3 (Hacer) dos meses que no lo había visto.
4 Tiene que (haber) una solución.
5 (Haber) mucho más turistas el verano próximo.

7 Choisir la réponse adéquate. *

1 .... echa de menos a los ausentes.
a) se b) uno c) hay
2 Ahora no .... encuentra trabajo.
a) se b) uno c) hay
3 .... me lo regalaron para mi cumpleaños.
a) uno b) se c) Ø

4 Con dinero .... compra lo que desea.

a) uno b) yo c) hay

5 No .... ladrones aquí.

a) hace b) se c) hay

8 Traduire les phrases suivantes. **

1 Il y a de bons élèves et de mauvais élèves.

→ ....

2 On a commencé à réparer la mairie après l'explosion.

→ ....

3 Quelqu'un veut ma place de parking.

→ ....

4 Mon chien est mort il y a trois mois.

→ ....

5 Cela fait trois mois que j'ai arrêté de fumer.

→ ....

6 On écrit beaucoup de choses dans le journal.

→ ....

7 En Espagne on déjeune très tard.

→ ....

8 On est rentré très tard hier soir et on n'a pas pu vous appeler.

→ ....

9 Qu'est-ce qu'on vend ici ?

→ ....

10 On dit qu'elle est très intelligente.

→ ....

11 Il y avait des fruits et des gâteaux pour le dessert.

→ ....

12 Il n'y a jamais personne ici.

→ ....

13 Il y a deux mois, il était encore en Argentine.

→ ....

14 Cela fait longtemps qu'on ne vous a pas vu.

→ ....

15 On ne sait jamais que choisir. Il y a trop de choses.

→ ....

LES FORMES IMPERSONNELLES

TRADUCTION DE "ON"

- la 3e personne du pluriel (les gens).
  Dicen en el periódico que...
  On dit dans le journal que...
- - *se* + verbe à la 3e personne du singulier ou du pluriel.
  Se come bien en este restaurante.
  On mange bien dans ce restaurant.
- - *uno, una* + verbe à la 3e personne du singulier.
  No puede uno entenderlo todo.
  On ne peut pas tout comprendre.

TRADUCTION DE "C'EST"

SER accordé avec le sujet :
Es tu hermana. C'est ta sœur.
Son sus cosas. Ce sont ses affaires.

TRADUCTION DE "IL Y A"

- *HAY* (*había, hubo...*) lorsqu'il s'agit de décrire l'existence de quelque chose ou de quelqu'un :
  Hay una revista para ti.
  Il y a une revue pour toi.
- *HACE* (*hacía, hizo...*) lorsqu'il s'agit de déterminer une durée :
  Hace dos días que no trabajo.
  Il y a/Cela fait deux jours que je ne travaille pas.

23 l'obligation

1 Transformer les phrases suivantes selon le modèle : *

Trabajo. → Tengo que trabajar.

1 Como mucha carne.
2 Hablarás con toda la gente.
3 Vivimos en un buen barrio.
4 Vendrán mañana.
5 Usted conoce la dificultad de este ejercicio.
6 Cosemos ésto para mañana.
7 Nos llamarán cuando lleguen.
8 Guardarías a los niños esta noche.
9 Venía con su novia.
10 Yo mantengo a toda la familia.

indice **A**ttention ! Tener *se conjugue à toutes les personnes. Ce n'est pas une forme impersonnelle.*

2 Transformer les phrases suivantes selon le modèle : *

Trabajo. → He de trabajar. → Es necesario que trabaje.

1 Concluyen el contrato.
2 Usted difunde la información.
3 Trabajamos en España.
4 Yo inserto párrafos en sus discursos.
5 Tú imprimes periódicos.
6 Viajo mucho.
7 Azucaras todos tus postres.
8 Usted cree en el destino de la gente.
9 Ustedes cuidan de sus personas.
10 Pintan la fachada.

indice **H**aber de *est suivi de l'infinitif.* Es necesario que *est suivi du* ....

3 Former des phrases à partir de ces éléments, au temps indiqué entre parenthèses. *

1 **Tú/deber** comprar la fruta. *(imparfait)*
2 **Ellos/es** necesario **que/des**pertarse muy pronto. *(futur)*
3 **Usted/tener que/acostars**e muy tarde. *(passé simple)*
4 **Nosotros/haber de/sustituir** los productos. *(présent)*
5 **Tú/hace falta que /proveer** a sus necesidades. *(présent)*

4 Choisir la réponse adéquate. *

1 .... limpiemos el polvo.
a) hace falta que b) hace falta c) hemos de

2 .... estudiar para aprobar.
a) hace falta que b) tenemos c) hemos de

3 .... llegar pronto.
a) es preciso que b) es necesario que c) es preciso

4 .... comprarle un regalo.
a) hace falta que b) tienes que c) es preciso que

5 .... haga calor.
a) tiene b) hace falta que c) he de

6 Los niños .... ir a dormir.
a) tienen que b) se debe c) es preciso que

7 .... vayas a verves.
a) se ha de b) es preciso que c) hace falta

8 .... comer carne todos los días.
a) es necesario b) es necesario que c) es preciso que

9 .... pensar en los exámenes.
a) es necesario que b) hace falta que c) hace falta

10 .... acostumbrarnos al país.
a) hemos de b) es preciso que c) es necesario que

indice

Hace falta, es necesario *et* **es preciso** *sont suivis de* ....
Hace falta que, es necesario que *et* **es preciso que** *sont suivis de* ....

5 Compléter avec *hace falta* ou *hace falta que.* **

1 .... distribuir las cartas.
2 .... traducir para el intérprete.
3 .... reembolse al banco el préstamo.
4 .... contrate a una nueva secretaria.
5 .... el librero tenga menos revistas.

indice **Hace falta** *est suivi de .... ;* **hace falta que** *est suivi de ....*

6 Traduire. **

1 Il faut profiter de la vie : il faut travailler mais il faut aussi s'amuser.
→ ....
....

2 Juan doit voyager beaucoup. Son directeur lui dit souvent : "Il faut qu'un représentant voyage beaucoup pour bien faire son travail".
→ ....
....
....

3 Il a fallu beaucoup travailler pendant le trimestre dernier : on devait faire nos exercices tous les jours et le professeur nous a dit qu'il fallait traduire au moins deux textes par semaine.
→ ....
....
....
....

4 Il faudra que vous lisiez quelques grands auteurs classiques espagnols.
→ ....
....

5 Il faut toujours essayer de répondre aux questions que l'on vous pose.
→ ....
....

L'OBLIGATION

L'OBLIGATION PERSONNELLE

Ce sont des tournures avec un verbe d'obligation conjugué
(en français : je dois, il faut que je...)

- ***tener que*** + infinitif :
  Tengo que escribirle. Il faut que je lui écrive.
- ***haber de*** + infinitif :
  He de salir. Je dois sortir.
- ***deber*** + infinitif :
  Debo hacerlo hoy. Je dois le faire aujourd'hui.
- ***es preciso que, es necesario que, hace falta que*** + subjonctif :
  Es preciso que escriba. Il faut qu'il écrive.

L'OBLIGATION IMPERSONNELLE

L'obligation s'applique à tout le monde en général.
La tournure est à la 3e personne du singulier.

- ***haber que*** + infinitif :
  Hay que esperar. Il faut attendre.
- ***es preciso, es necesario, hace falta*** + infinitif :
  Es preciso decirle la verdad. Il est nécessaire de lui dire la vérité.
- ***se tiene que, se ha de, se debe, hace falta*** + infinitif :
  Se debe hacer esfuerzos. Il faut faire des efforts.

24 les expressions de lieu

1 Relier les colonnes en réunissant les contraires. *

1	dentro	abajo
2	cerca	delante
3	detrás	fuera
4	debajo	encima
5	arriba	lejos

2 Dire le contraire en changeant le mot en gras. *

Estoy **cerca** de la vía → Estoy **lejos de** la vía.

1 Estoy siempre **cerca** de ti.
2 Los taxis se paran **delante de** la estación.
3 Organizan siempre las ferias **fuera de** la ciudad.
4 El teléfono no está **encima de** la mesa.
5 La chica que está **allí** es mi hermana.
6 El jardín y la piscina están **detrás del** edificio.

3 Traduire les phrases suivantes. *

1 Nous garons toujours la voiture devant la maison.
2 Les assiettes sont en bas.
3 Autour d'eux, il y a la campagne.
4 Elle regarde s'il y a de la poussière sous les meubles.
5 Sous le moteur, il y a la roue de secours.

4 Choisir la réponse adéquate. *

1 Tu bolso está ....
a) aquí b) hacia aquí c) de aquí
2 Vamos de vacaciones muy ....
a) encima b) dentro c) lejos
3 Me gusta tener mis gafas .... de mí.
a) cerca b) alrededor c) dentro

4 Las zapatillas están .... de la cama.
a) dentro b) alrededor c) debajo

5 Los platos se ponen .... de la mesa.
a) aquí b) encima c) desde aquí

5 Compléter les phrases suivantes avec : *cerca, aquí, lejos, allí*. *

1 No he venido .... para hacer la limpieza.

2 Los hijos no viven siempre .... de sus padres.

3 Los comercios no están muy .... de aquí. No necesitarás el coche.

4 Ven ...., que te dé un beso.

5 El libro no está ...., en esta biblioteca; estará ...., en la otra.

6 Compléter les phrases suivantes avec :

arriba, cerca de, dentro de, abajo, detrás, delante de. *

1 He recogido todos los calcetines .... los cajones.

2 ¿ La pescadería ? Sí, está .... aquí.

3 Están todas las noches sentados .... la televisión.

4 Como están en obras, hay que entrar por ....

5 Los vecinos de .... son muy ruidosos, pero no los ....

7 Traduire. **

1 Voici la rue où je suis née.
→ ....

2 Je ne pourrai jamais vivre loin de toi.
→ ....

3 Venez ici, les enfants, j'ai quelque chose à vous dire.
→ ....

4 Leur maison est juste derrière la mairie, à côté de la boulangerie.
→ ....

5 Je ne sais pas où est mon cahier. Je l'avais posé sur cette table mais il n'y est plus.
→ ....

6 J'aimerais habiter plus près de la gare.

→ ....

7 Par où êtes-vous passés en venant chez moi ?

→ ....

8 D'où venaient-ils quand tu les a rencontrés ?

→ ....

9 Ouvre ce paquet ! J'ai hâte de voir ce qu'il y a dedans.

→ ....

10 Ils ont passé toute la matinée dehors.

→ ....

8 Trouver 5 expressions de lieu dans cette *sopra de letras*. **

F	U	E	R	A	S
A	I	D	T	R	E
N	L	E	J	O	S
S	X	N	S	R	A
O	M	T	I	U	Q
C	E	R	C	A	U
B	A	O	U	T	I

Utiliser les 5 mots trouvés dans ces phrases :

1 Vivimos .... del colegio.
2 Las sábanas están .... del armario.
3 ¿ Dices que las llaves están .... ?
4 No me gusta que mis hijos duerman .... de casa.
5 Mi trabajo está .... de mi casa : tardo 30 minutos todos los días.

LES EXPRESSIONS DE LIEU

aquí	(ici)	*arriba*	(en haut)
ahí	(là)	*abajo*	(en bas)
allí	(là-bas)	*encima*	(au-dessus)
donde	(où)	*dentro*	(dans)
cerca	(près)	*fuera*	(dehors)
lejos	(loin)	*enfrente*	(en face)
delante	(devant)	*alrededor*	(autour)
atrás	(en arrière)	*detrás*	(derrière)

- ***Aquí, ahí, allí*** situent dans l'espace par rapport à celui qui parle. Ils peuvent être précédés d'une préposition :

  de / desde / hacia / hasta / por ***aquí, ahí, allí***

  De aquí hasta ahí*, es mi jardín.*
  D'ici jusque là, c'est mon jardin.

  Los juguetes pueden estar ***por allí****.*
  Les jouets peuvent être par là-bas.

- Ils peuvent également être accompagnés d'autres adverbes :

  Mis gafas estaban ***aquí cerca****.*
  Mes lunettes étaient ici, tout près.

  El libro debe estar ***ahí arriba****.*
  Le livre doit être là-haut.

☛ En ajoutant la préposition ***a*** devant certains adverbes, on donne une idée de mouvement :

El país ***donde*** *estoy.*
Le pays **où** je suis

El país ***adonde*** *voy.*
Le pays **où** je vais.

dentro → *adentro*
fuera → *afuera*

25 les expressions de temps

1 Former les phrases contraires en changeant l'adverbe (et le temps si nécessaire). *

He llegado **ayer** → Llegaré mañana.

1 Comemos el queso **antes**.
2 **Siempre** me gustan sus películas.
3 Como se levanta **pronto**, se acuesta también **pronto**.
4 **Siempre** venimos aquí de vacaciones.
5 Mi hijo llegó **tarde anteayer**.

indice *Attention : on peut employer deux constructions pour les phrases 2 et 4.*

2 Traduire les phrases suivantes : *

1 Nous avons vu des amis hier soir.
→ ....
2 Demain je me lèverai de bonne heure.
→ ....
3 J'aime avoir les choses tout de suite.
→ ....
4 Jamais il n'aura de bonnes notes car il ne travaille pas.
→ ....
5 Si tu te couches tard, tu ne pourras pas te lever tôt.
→ ....

3 Choisir la réponse adéquate. *

1 Vienen .... cuando no tengo nada para comer.
a) nunca b) ayer c) siempre
2 .... serán tan grandes como tú, si siguen comiendo así.
a) pronto b) antes c) después
3 .... en día, los jóvenes fuman mucho.
a) hoy b) entonces c) ya

4 .... de tus estudios, tendrás que hacer la mili.
a) pasado b) pronto c) después

5 .... de comprar todo esto, mira si tienes dinero en la cuenta.
a) ya b) luego c) antes

4 Compléter les phrases suivantes avec : *

ayer, antes, mañana, hoy, siempre.

1 Tu tío vendrá mañana ya que no ha venido ....
2 No sabía que tenías un libro para mí : compré uno ....
3 Has sido .... un niño bueno.
4 .... iremos a ver a la familia.
5 ¿ Por qué no me lo has dicho .... ?

5 Former les phrases contraires en changeant l'adverbe ou la préposition. **

1 Antes no comía nada porque estaba a régimen.
2 Después del barco, cogeré el tren.
3 Ayer fuimos al cine.
4 Después de su discurso, le diremos lo que pensamos.
5 Estaba mejor antes de su visita al médico.

6 Retrouver sept adverbes de temps dans cette *sopa de letras*. **

A -

A	N	O	C	H	E
Y	U	B	L	O	C
E	N	N	Y	Y	A
R	C	Z	P	O	M
T	A	R	D	E	S

B - Utiliser ces adverbes pour traduire les phrases suivantes. **

1 Nous n'avons pas encore fini.
2 Il est venu hier soir mais il doit repartir aujourd'hui.
3 Il me l'a dit mais je le savais déjà.
4 Ils sont rentrés tard hier et n'ont pas pu nous appeler.
5 Je ne l'oublierai jamais. Elle était si belle !

7 Traduire les phrases suivantes : **

1 Je vois !
2 À bientôt !
3 Fais-le maintenant.
4 Il ne sait plus quoi faire.
5 À partir de maintenant, je travaille !

8 Choisir la réponse adéquate. **

1 Ven .... de que venga él.
a) antes b) ya c) pronto
2 Si me dices "hasta ....", es que piensas volver.
a) hoy b) tarde c) pronto
3 ¿ Necesitas dinero .... ? ¿ Por qué ?
a) en seguida b) ya c) después
4 .... me llamas menos cuando necesitas dinero.
a) siempre b) nunca c) pronto
5 .... tenían dinero pero ahora son pobres.
a) entonces b) hoy c) ayer

9 Compléter les phrases suivantes avec l'adverbe correspondant. **

todavía, ayer, nunca, ahí, tarde

1 No trabajas .... : tendrás malas notas.
2 Si llegas ...., no quedará pastel.
3 .... por la tarde no merendasteis porque no os gustó la merienda.
4 .... os quedan por hacer los deberes.
5 ¡ .... viene por fin el tren !

LES EXPRESSIONS DE TEMPS

PASSÉ

ayer (hier), ***anteayer*** (avant-hier), ***anoche*** (hier soir), ***anteanoche*** (avant-hier soir), ***antes*** (avant), ***entonces*** (alors).

- *Me llamó* ***ayer***. Il m'a appelé hier.
- *Me marché* ***anteanoche***. Je suis parti avant-hier soir.

PRÉSENT

hoy (aujourd'hui), ***ahora*** (maintenant), ***en seguida*** (tout de suite), ***pronto*** (bientôt).

- *Quiero comer fresas* ***hoy***. Je veux manger des fraises aujourd'hui.
- *Vuelvo* ***en seguida***. Je reviens tout de suite.

FUTUR

mañana (demain), ***pasado mañana*** (après-demain), ***después*** (après), ***luego*** (après).

- *Os escribiremos* ***pasado mañana***. Nous vous écrirons après-demain.

AUTRES ADVERBES

siempre	(toujours)	***ya***	(déjà)
nunca, jamás	(jamais)	***tarde***	(tard)
todavía	(encore)	***temprano***	(tôt)
aún	(encore)	...	

- ***Aún*** *me quedan vacaciones*. Il me reste encore des vacances.
- ***Siempre*** *viene cuando no quiero ver a nadie*. Il vient toujours quand je n'ai envie de voir personne.

☞ ***Nunca*** et ***jamás*** peuvent avoir deux constructions :
Nunca/Jamás *lo haré*. ***No*** *lo haré* ***nunca/jamás***.

26 l'expression de la quantité

1 Compléter les phrases avec *muy* ou *mucho*. *

1 Tiene .... sed.
2 Estoy .... cansado.
3 No tiene .... dinero.
4 No compras nunca ropa .... cara.
5 Miramos .... películas cada semana.
6 Si tiene .... calidades, no es .... serio.
7 La niña llora ....
8 Conseguimos siempre .... cosas con nuestros padres.
9 No te lo tomes .... en serio.
10 Me gustan las chicas .... guapas.

indice — **Attention ! Mucho** ***peut être adverbe ou adjectif.***
Lorsqu'il est adjectif, il s'accorde en genre et nombre avec le nom.

2 Compléter avec *mucho* et accorder si nécessaire. *

1 En esta ensalada, hay .... tomates.
2 Para mi empresa, trabajo ....
3 Si quieres dinero, tienes que trabajar ....
4 No hay .... leche para hacer el pastel.
5 Para adelgazar, no hay que comer ....

3 Traduire les phrases suivantes. *

1 Il a écrit au peu d'amis qu'il avait.
2 Ils ne travaillent pas beaucoup pour leurs examens.
3 Beaucoup de mes amis font du sport mais peu font du rugby.
4 Nous traduisons plus ou moins bien en espagnol.
5 Je rêve beaucoup de toi.

4 Retrouver dans ce serpent de lettres six adverbes ou adjectifs de quantité. **

A -

MUCHOMÁSTANTOMUYMENOSTANTOS

B - Employer les mots trouvés pour compléter les phrases.

1 Tiene veinte años .... o ....

2 Come .... pasteles como yo.

3 Está .... alto para su edad.

4 Si quieres adelgazar, no tienes que comer .... azúcar.

5 El niño tiene .... sueño.

5 Former les phrases contraires en changeant l'adverbe. *

Viajo mucho → Viajo poco.

1 Esperas desde hace poco tiempo.

2 Había mucha gente en la calle.

3 Le gusta mucho correr por el campo.

4 Miramos menos la televisión ahora.

5 Viajáis demasiado para vuestro trabajo.

6 Choisir la réponse adéquate. *

1 Hoy el teléfono ha tocado.....................

a) mucho b) muchos c) muchas

2 No hace .... frío para encender la calefacción.

a) muy b) poco c) bastante

3 ¿ Quieres .... espaguetis ?

a) mucho b) muchos c) muchas

4 ¿ No cogemos .... maletas ?

a) muy b) poco c) más

5 Si te alimentas ...., no estarás enfermo.

a) muy b) bastante c) poco

7 Compléter et accorder si nécessaire. **

mucho, muy, poco, medio, bastante, tanto.

1 ¡ No comas .... !
2 No es suficiente saber ...., hay que mostrarlo.
3 Si el niño llora .... es que sufre.
4 Estamos a .... camino.
5 No le conoces .... para hablarle así.
6 Padece usted de .... males.
7 Tienes .... ocupaciones pero .... tiempo.
8 Se niega a decirme si vendrá .... pronto.
9 Sirven .... platos todos los días.
10 Estás todavía a .... vestir.

8 Traduire les phrases suivantes. **

1 Nous avons très peu de bagages.
→ ....

2 Tu voyages beaucoup en train de nuit.
→ ....

3 Dans cette région il fait trop chaud et il y a trop de moustiques.
→ ....

4 Nous n'avions jamais assez d'argent pour acheter tout ce que nous voulions.
→ ....

5 Ils travaillent autant que nous.
→ ....

L'EXPRESSION DE LA QUANTITÉ

ADVERBES

Ils sont invariables :

- ***mucho*** (beaucoup) : *Me quiere mucho*. Il m'aime beaucoup.
- ***muy*** (très) : *Está muy rico*. C'est très bon.
- ***poco*** (peu) : *Trabaja poco*. Il travaille peu.
- ***demasiado*** (trop) : *Come demasiado*. Il mange trop.
- ***bastante*** (assez) : *Trabajan bastante*. Ils travaillent assez.
- ***tanto*** (autant, tant) : *Nunca han gastado tanto*. Jamais ils n'ont autant dépensé.
- ***cuánto*** (combien) : *¡ Ya sabes cuánto me gusta !* Tu sais combien cela me plaît !
- ***medio*** (à moitié) : *Está medio hecho*. C'est à moitié fait.

ADJECTIFS ET PRONOMS

Ils s'accordent avec le nom qu'ils remplacent ou qu'ils accompagnent :

- ***mucho****, a, os, as* (beaucoup) : *Tengo* ***muchas*** *muñecas*. J'ai beaucoup de poupées.
- ***poco****, a, os, as* (peu) : *Tenemos* ***poca*** *comida*. Nous avons peu de nourriture.
- ***bastante****, es* (assez) : *¿ Tenéis* ***bastantes*** *cuadernos ?* Vous avez assez de cahiers ?
- ***demasiado****, a, os, as* (trop) : *Compran* ***demasiada*** *ropa*. Elles achètent trop de vêtements.
- ***cuanto****, a, os, as* (autant, tant de) : *Te doy* ***cuanto*** *dinero quieras*. Je te donne autant d'argent que tu veux.
- ***tanto****, a, os, as* (tant) : *¡ Tengo ya* ***tantos*** *regalos !* J'ai déjà tant de cadeaux !
- ***medio****, a* (demi) : *Tengo* ***media*** *hora de retraso*. J'ai une demi-heure de retard.

27 *por* et *para*

1 Compléter les phrases avec *por* ou *para*. *

1 Los niños juegan .... el parque.
2 He comprado carne .... la vecina.
3 Si vais .... el centro, ¿me podéis llevar ?
4 .... llegar a la plaza, hay que pasar por aquí.
5 El banco me ha dado mi crédito .... unos meses.
6 Te he cogido cita con el dentista .... las seis de la tarde.
7 Si quiere ir al jardín, tiene que pasar .... detrás de la casa.
8 .... él, le han suspendido.
9 A las jovencitas, les gusta pasearse .... los centros comerciales.
10 .... ir al cine tengo que pasar .... la calle Principal.

2 Traduire les phrases suivantes : *

1 Le magasin ouvre l'après-midi et non pas le matin.
→ ....
2 Il se promène dans le parc.
→ ....
3 Je vais à l'université pour avoir un diplôme.
→ ....
4 Pourquoi est-ce que tu ne m'appelles plus ?
→ ....
5 Pourquoi achètes-tu tant de fruits ?
→ ....

3 Compléter les phrases avec *por* ou *para*. *

1 Volveré de mis vacaciones .... septiembre.
2 Estamos .... ir al cine esta noche.
3 ¿ Quieres ir a pasearte ? Yo estoy más .... irme a acostarme.
4 Menos mal que llamas ahora, estaba .... irme.
5 Tengo cita con el abogado mañana .... la tarde.

6 .... culpa tuya, mis padres me han reñido.
7 Tienes que pasar .... el centro .... llegar a la Plaza Mayor.
8 .... ahora no he recibido ninguna carta suya.
9 ¿ .... quién llevas el pastel ?
10 ¿ .... qué llegas tan tarde ?

4 Traduire. **

1 Tu n'aimes pas courir dans les bois.
→ ....
2 La mariée porte une robe faite par Dior, pour elle.
→ ....
3 Pour ne pas être malade, je porte toujours une écharpe.
→ ....
4 Je t'achète le canapé pour 20 000 pesetas.
→ ....
5 Pour moi, il est bête.
→ ....

5 Compléter les phrases avec *por* ou *para*. **

1 La máquina de lavar fue arreglada .... Luis.
2 ¿ .... qué ocasión te compraste el traje azul ?
3 Si quieres noticias de Carmen, las puedes obtener .... Pedro.
4 Si quieres hacer algo .... tu familia, aprueba tus exámenes.
5 Gracias .... la invitación : vendremos.
6 .... mi jefe, soy un incapaz.
7 Las fotos fueron tomadas .... mi tío.
8 Te compró tu disco .... dos mil pesetas.
9 Tienes una carta .... enviar.
10 ¿ .... qué es tan caro este vestido ?

6 Compléter les phrases avec *por* ou *para*. **

1 Esta escuela está muy bien .... quienes desean aprender muchas cosas.
2 El profesor escribe en la pizarra .... que todos los alumnos entiendan el ejercicio.

3 La tienda está cerrada .... vacaciones.
4 Se murió .... causa de una infección.
5 Llevo una blusa hecha .... mi abuela.
6 Tienes que hacer algo .... tu padres : te quieren mucho.
7 Este regalo es .... ti y éste es .... ella.
8 ¿ Compras ya el regalo .... su cumpleaños ?
9 ¿ .... qué no llamaste ayer ?
10 ¿ .... qué receta has comprado el pimiento ?

7 Traduire. **

1 Il faut passer par la rue de derrière : ils font des travaux.
→ ....

2 Tu dois venir me voir pour me raconter tout cela.
→ ....

3 J'ai réussi par mon travail.
→ ....

4 Quand ils sortiront pour aller se promener, dis-leur de passer à la maison.
→ ....

5 Si vous me vendez cette table pour 25 000 pesetas, je vous l'achète.
→ ....

POR ET PARA

POR

- **Déplacement dans un lieu et le lieu par lequel on passe.**
  Me paseo ***por el parque***. Je me promène **dans** le parc.
  Corremos ***por las calles***. Nous courons **dans** les rues.

- **Durée.**
  Me invitó ***por unos días***. Il m'a invité **pour quelques jours**.

- **Échange, prix.**
  Te lo compro ***por 1000 pesetas***. Je te l'achète **pour 1000 pesetas.**

- **Introduit le complément d'agent dans la forme passive.**
  La novela es escrita ***por mi padre***. Le roman est écrit **par** mon père.

- **Introduit le complément de moyen et de cause.**
  No me lo anuncies ***por teléfono***. Ne me l'annonce pas **par téléphone.**
  Por su enfermedad, *ya no va a la escula.* **A cause de** sa maladie, il ne va pas à l'école.

PARA

- **Le point de vue.**
  Para ti, *es un falso.* **D'après toi,** c'est un faux.

- **La finalité, le but.**
  Coges la autopista ***para ir*** *más deprisa*. Tu prends l'autoroute pour aller plus vite.

- **La destination.**
  Me voy ***para*** *Valencia*. Je vais à Valence.
  Compra flores ***para su mujer***. Il achète des fleurs pour sa femme.

- **Action dans le futur.**
  Compras todo ***para*** *el viaje*. Tu achètes tout pour le voyage.

28 autres prépositions (1)

1 Compléter avec *a* ou *en*. *

1 Nos marchamos .... las siete de la mañana.
2 Van de vacaciones .... el mes de julio.
3 La carne está lista .... una hora.
4 Tenemos cita .... las diez de la mañana.
5 Se conocieron .... los quince años.
6 .... el mes de agosto, nos casaremos.
7 El avión sale .... las diez de la mañana y llega dentro de una hora y diez minutos.
8 ¿ .... qué hora sale el tren ?
9 Usted me dice que me arreglará el coche .... dos horas.
10 Te quedarás en París una semana y verás todos los monumentos .... tres o cuatro días.

2 Compléter les phrases avec la préposition qui convient. *

1 Se casó .... los quince años.
2 Puedes salir .... las diez de la noche.
3 Te duelen las muelas .... ayer.
4 Para llegar a la una de la tarde, hay que salir .... las seis de la tarde.
5 En este garaje, suelen arreglar los coches .... un día.

3 Choisir la réponse adéquate. *

1 La gente trabaja .... los sesenta años.
a) durante b) a c) hasta
2 El comercio está abierto .... las nueve de la noche.
a) durante b) a c) hasta
3 No tengo noticias de él .... Navidad.
a) durante b) desde c) hasta

4 El Presidente hablará .... de una hora.
a) durante b) hasta c) dentro

5 Desarrollan las fotos .... una hora.
a) durante b) en c) hasta

4 Traduire les phrases suivantes : *

1 Je traduirai ce texte en deux heures.
→ ....

2 La voiture sera réparée à 18 h.
→ ....

3 Nous dînerons vers 20 h 30.
→ ....

4 Je pars en vacances dans quinze jours.
→ ....

5 Leur mère les attendra jusqu'à ce soir.
→ ....

indice **Délai** *en période de temps ? "En deux jours" se traduit par* .... dos días *; "dans deux jours" se traduit par* .... dos días.

5 Compléter avec la préposition qui convient. **

1 ¿ Has comprado algo .... su cumpleaños ?
a) sobre b) para c) hacia

2 Nos levantaremos mañana .... las seis de la mañana.
a) sobre b) para c) hacia

3 Sólo te puedo esperar .... las nueve de la noche.
a) hasta b) sobre c) hacia

4 Te estaba esperando .... las nueve de la tarde.
a) hacia b) sobre c) desde

5 Estuvo enfermo .... las últimas vacaciones.
a) sobre b) durante c) hasta

6 No escucha nada .... las clases.
a) durante b) sobre c) hasta

7 ! Te digo que no comas nada .... la cena !
a) durante b) sobre c) hasta

8 ¿ .... qué hora dijeron que llamarían ?
a) para b) por c) hacia

9 Saldrá de la oficina .... las seis de la tarde.
a) para b) durante c) hasta

10 Este autobus sólo viene .... las nueve de la noche.
a) durante b) hasta c) hacia

6 Traduire.**

1 Hier soir, ils sont rentrés très tard du collège et ils ont dû travailler jusqu'à minuit.
→ ....

2 Je ne les ai pas revus depuis Noël dernier.
→ ....

3 Je ne pourrai vous (*usted*) attendre que jusqu'à une heure.
→ ....

4 Après le déjeuner, j'ai une réunion très importante qui ne finira pas avant 18 heures.
→ ....

5 Cette année, je prendrai mes vacances au printemps.
→ ....

AUTRES PRÉPOSITIONS (1)

PRÉPOSITIONS INTRODUISANT UN COMPLÉMENT DE TEMPS

- *a* (a) :

  *El tren sale **a** las tres de la tarde.* Le train part à 15 h 00.

- ***desde*** (depuis) :

  *No la he visto **desde hace** un año.* Je ne l'ai pas vue depuis un an.
  *No la he visto **desde** ayer.* Je ne l'ai pas vue depuis hier.

- ***en*** (en, Ø) :

  *Lo haré **en** una hora.* Je le ferai en une heure.
  ***En** el siglo veinte.* Au XXe siècle.

- ***dentro de*** (dans), ***al cabo de*** (au bout de) :
  *Lo haré **dentro de** dos horas.* Je le ferai dans deux heures.
  *Llegó **al cabo de** una hora.* Il arriva au bout d'une heure.

- ***durante*** (pendant) :

  *Viajaré **durante** dos días.* Je voyagerai pendant deux jours.

- ***para*** (pour) :

  *Todo estará terminado **para** el lunes.* Tout sera fini pour lundi.

- ***hasta*** (jusqu'à) :

  *No puedo venir **hasta** el sábado.* Je ne peux pas venir jusqu'à samedi.

- ***por*** (pour) :

  *Se fue **por** una semana.* Il est parti pour une semaine.

- ***sobre, hacia*** (vers) :

  *Vendré **sobre** la una de la tarde.* Je viendrai vers 13 h 00.

29 autres prépositions (2)

1 Compléter avec *a* ou *en*. *

1 Usted vive .... Madrid.
2 ¿ Te vas .... casa ?
3 Mi hermana no está .... casa ahora.
4 Mi tienda está .... la Avenida Principal.
5 Tengo que ir .... la tienda de la Avenida Principal.
6 Después de tu enfermedad, puedes salir .... la calle.
7 Para ir .... Málaga, pasarán por Sevilla.
8 Ingresé .... el hospital ayer.
9 He dejado las llaves .... casa.
10 Las Plazas de Toros se hallan siempre .... las salidas de las ciudades.

2 Compléter les phrases avec *de, por, desde, en, a*. *

1 Nos gusta pasearnos .... el parque.
2 Este es el autobús que va .... la Plaza.
3 El coche negro nos ha seguido .... el hotel.
4 Nos veremos .... Madrid.
5 ¿ Es usted .... Sevilla ?

3 Traduire les phrases suivantes : *

1 Je dois aller à la banque.
→ ....
2 Ils vont en vacances dans le sud.
→ ....
3 Nous pourrons voyager ensemble jusqu'à Alicante.
→ ....
4 Tu promènes ton bébé tous les jours dans le parc.
→ ....

5 Le train qui part pour Valladolid est à 18 h 15.
→ ....

4 Choisir la réponse adéquate. **

1 ¡ No puedes entrar .... su cuarto !
a) de b) en c) por

2 Los niños salían .... la escuela.
a) en b) de c) por

3 Pasearon toda la mañana .... las calles.
a) hasta b) por c) para

4 ¡ Podrían escribir .... Francia !
a) por b) desde c) hasta

5 .... hoy en un mes, tengo que ahorrar 10 000 pesetas.
a) de b) en c) hasta

6 Se puede ver el mar .... esta ventana.
a) desde b) en c) hasta

7 ¿ Me puedes llevar .... mi instituto ?
a) desde b) en c) a

8 Si la boda es .... el mes de agosto, ya podéis empezar a prepararlo todo.
a) por b) para c) hasta

9 Los niños pueden pasear sólos .... el parque.
a) por b) para c) a

10 ¿ A esta hora ? Mi mujer está .... casa.
a) por b) en c) hasta

5 Compléter les phrases suivantes : **

1 Os han puesto una multa cuando habéis estado .... Sevilla.

2 Estuvieron ayer .... la feria hasta las dos de la mañana.

3 He cogido a una autostopista .... la carretera de Madrid-Valencia.

4 Mi hija que está .... Inglaterra nos llamó ayer .... Londres.

5 Acaba de llegar .... su trabajo.

6 Retrouver 6 prépositions dans cette *sopa de letras* et les regrouper par paires de sens contraire.

E	F	L	L	P	O	D	A	T
D	F	Q	U	L	N	O	D	S
E	L	C	H	T	F	R	D	R
T	L	E	J	O	S	D	E	L
N	T	R	Y	V	S	O	T	O
A	L	C	O	S	O	B	R	E
L	H	A	S	T	A	N	A	M
E	B	D	E	S	D	E	S	P
D	D	E	B	A	J	O	D	E

7 Traduire les phrases suivantes : **

1 Les commerces sont à trois kilomètres.
→ ....

2 Vous venez d'Andalousie et vous allez jusqu'au Pays basque.
→ ....

3 C'est le train qui passe par Barcelone et qui va jusqu'à Valence.
→ ....

4 J'ai oublié mes valises à l'aéroport.
→ ....

5 Dans le tiroir, il y a tous les papiers.
→ ....

6 Je peux vous indiquer le chemin jusqu'à la gare.
→ ....

7 Si tu mets ces assiettes sur la chaise, elles vont tomber.
→ ....

8 Nous voulons visiter tous les villages depuis Zaragoza jusqu'à Castellón.
→ ....

9 Ils aiment partir en vacances très loin.
→ ....

10 Quand je serai arrivé là-bas, je prendrai un autre billet de train.
→ ....

AUTRES PRÉPOSITIONS (2)

PRÉPOSITIONS INTRODUISANT UN COMPLÉMENT DE LIEU

Avec un verbe de mouvement :

- *a* — *Llego **a** Madrid.*
  J'arrive à Madrid.
- *en* — *Entré **en** mi cuarto.*
  Je suis entré dans ma chambre.
- *de, desde* — *¡ No salgas **de** aquí !*
  Ne sors pas d'ici !
- *hacia* — *Voy **hacia** el hotel.*
  Je vais vers l'hôtel.
- *hasta* — *¿ Cómo has venido **hasta** aquí ?*
  Comment es-tu venu jusqu'ici ?
- *por* — *El tren pasa **por** Figueras.*
  Le train passe par Figueras.
- *para* — *Se va **para** Barcelona.*
  Il va à Barcelone.

Avec un verbe de position :

- *en*
  *Está **en** su cuarto.* Il est dans sa chambre.
- *delante de, detrás de*
  *Está **delante de**/**detrás** de la cama.* Il est devant/derrière le lit.
- *debajo de, sobre*
  *Está **debajo de**/**sobre** la mesa.* Il est sous/sur la table.
- *cerca de, lejos de*
  *Está **cerca de**/**lejos** de la mesa.* Il est près de/loin de la table.

30 les tournures affectives

1 Mettre *gustar* au présent, à la forme qui convient. *

1 A mí .... tu coche.
2 A nosotros .... las motos.
3 A ellos .... ir de vacaciones.
4 ¿ A vosotros .... la película ?
5 ¿ A ellos .... los pasteles ?
6 A ellos .... ir a la playa.
7 A mí .... los chicos presumidos.
8 ¿ A ti .... mi nuevo bañador ?
9 ¿ No compras los pantalones ? ¿ no .... ?
10 A él .... los muebles modernos.

2 Choisir la réponse adéquate. *

1 A él .... su ciudad.
a) le gustan b) le gusta c) les gusta
2 A ella no .... cantar.
a) les gusta b) le gusta c) le gustan
3 A nosotros no .... los helados de fresa.
a) gustan b) nos gustan c) nos gusta
4 ¡ Cuánto .... tu nueva falda !
a) me gusta b) les gustan c) te gustan
5 ¡ Qué poco .... los mosquitos !
a) me gusta b) les gusta c) te gustan

3 Traduire les phrases suivantes : *

1 J'aime beaucoup ma grand-mère : elle est si gentille.
→ ....
2 Tu aimes les fleurs de mon jardin.
→ ....

3 Ont-ils aimé les vacances à la mer ?

→ ....

4 Les garçons aiment beaucoup jouer au fótball.

→ ....

5 Aimes-tu aller au cinéma ?

→ ....

6 J'aime danser.

→ ....

7 Elle aime regarder les vitrines.

→ ....

8 Nous voulons que notre fille aime la musique classique.

→ ....

9 Tu aimerais la voir ?

→ ....

10 Je t'aime beaucoup !

→ ....

indice *Quelles sont les phrases dans lesquelles on ne peut pas utiliser gustar ? Quelle est la traduction d'"aimer" dans ces phrases ?*

4 Changer les phrases, en utilisant le pronom entre parenthèses. **

1 No me gusta la arena. (él)

→ ....

2 A ellos les gusta el queso de cabra. (tú)

→ ....

3 A mí me gustan los paseos por las playas. (ellas)

→ ....

4 A nosotros nos gustan las cerezas. (usted)

→ ....

5 A usted le gustan las paellas valencianas. (yo)

→ ....

5 Mettre le verbe entre parenthèses à la bonne forme. **

1 No podía comer porque (él/doler) las muelas.

2 ¡(nosotros/agradar) tanto estos regalos!

3 ¿ (usted/apetecer) estas frutas ?
4 ¡Qué bien (tú/sentar) esos pantalones!
5 Es posible que (Juan/pesar) su decisión.

6 Traduire. **

1 J'aimerais bien venir avec vous, mais j'ai trop de travail !
→ ....
2 Il a toujours aimé voyager, découvrir de nouveaux pays et rencontrer des gens.
→ ....
3 Cette robe t'allait si bien! Pourquoi ne la portes-tu plus ?
→ ....
4 J'aurais très envie d'une glace à la vanille !
→ ....
5 Je ne crois pas que tu aies si mal à la tête.
→ ....
6 Tu es sûr qu'ils aimeront notre cadeau ?
→ ....
7 Il aime regarder une belle fille dans la rue, mais il n'aime que sa femme.
→ ....
8 Tu as mal aux dents, mais tu n'aimes pas aller chez le dentiste.
→ ....
9 Ils ont vraiment aimé le film.
→ ....
10 As-tu envie de manger un autre dessert ?
→ ....

LES TOURNURES AFFECTIVES

Il existe de nombreux verbes et expressions qui traduisent les sentiments, les impressions, les goûts. Celui qui ressent ce sentiment ou cette impression n'est pas le sujet (comme en français) mais le complément du verbe.

Me gusta este libro. J'aime ce livre.

Ces tournures sont du même type que la construction avec "plaire" en français : J'aime ce livre. Ce livre me plaît (à moi).

Le verbe peut être à la 3e personne du singulier ou du pluriel, en accord avec le sujet grammatical :

(A mí) me gusta la película. J'aime le film.

(A él) le gustan las películas del oeste. Il aime les westerns.

A mí me	
A ti te	
A él/ella/usted le	*gusta el mar.*
A nosotros, as nos	*gustan las flores.*
A vosotros, as os	
A ellos/ellas/ustedes les	

PRINCIPAUX VERBES AFFECTIFS

- *gustar, agradar* : plaire, aimer
- *apetecer* : avoir envie de — *No **me apetece** el pastel.* Je n'ai pas envie de ce gâteau.
- *doler* : avoir mal — ***Te duele** la cabeza.* Tu as mal à la tête.
- *pesar* : regretter — ***Me pesa** lo que he hecho.* Je regrette ce que j'ai fait.
- *sentar* : aller (bien/mal) — ***Le sienta** bien la falda.* La jupe lui va bien.
- *olvidarse* : oublier — ***Se me olvidó** su nombre.* J'ai oublié son nom.
- *ocurrirse* : avoir l'idée de — ***Se me ocurrió** llamarle.* Il m'est venu l'idée de l'appeler.

Conjugaison

LES CONJUGAISONS RÉGULIÈRES

Infinitif	Indicatif présent		Impératif		Subjonctif présent	Indicatif imparfait
HABL**AR**	hablo				hable	hablaba
	hablas	→	habla		hables	hablabas
	habla		hable	←	hable	hablaba
	hablamos		hablemos	←	hablemos	hablábamos
	habláis		hablad		habléis	hablabais
	hablan		hablen	←	hablen	hablaban

COM**ER**	como				coma	comía
	comes	→	come		comas	comías
	come		coma	←	coma	comía
	comemos		comamos	←	comamos	comíamos
	coméis		comed		comáis	comíais
	comen		coman	←	coman	comían

VIV**IR**	vivo				viva	vivía
	vives	→	vive		vivas	vivías
	vive		viva	←	viva	vivía
	vivimos		vivamos	←	vivamos	vivíamos
	vivís		vivid		viváis	vivíais
	viven		vivan	←	vivan	vivían

Indicatif passé simple	Subjonctif imparfait	Indicatif futur	Conditionnel présent	Gérondif Participe passé
hablé	hablara/se	hablaré	hablaría	
hablaste	hablaras/ses	hablarás	hablarías	hablando
habló	hablara/se	hablará	hablaría	
hablamos	habláramos/semos	hablaremos	hablaríamos	hablado
hablasteis	hablaras/seis	hablaréis	hablaríais	
hablaron	hablaran/sen	hablarán	hablarían	

comí	comiera/se	comeré	comería	
comiste	comieras/ses	comerás	comerías	comiendo
comió	comiera/se	comerá	comería	
comimos	comiéramos/semos	comeremos	comeríamos	comido
comisteis	comierais/seis	comeréis	comeríais	
comieron	comieran/sen	comerán	comerían	

viví	viviera/se	viviré	viviría	
viviste	vivieras/ses	vivirás	vivirías	viviendo
vivió	viviera/se	vivirá	viviría	
vivimos	viviéramos/semos	viviremos	viviríamos	vivido
vivisteis	vivierais/seis	viviréis	viviríais	
vivieron	vivieran/sen	vivirán	vivirían	

Infinitif	Indicatif présent		Impératif		Subjonctif présent	Indicatif imparfait
SER	soy				sea	era
	eres		sé		seas	eras
	es		sea	←	sea	era
	somos		seamos	←	seamos	éramos
	sois		sed		seais	erais
	son		sean	←	sean	eran
ESTAR	estoy				esté	estaba
	estás	→	está		estés	estabas
	está		esté	←	esté	estaba
	estamos		estemos	←	estemos	estábamos
	estáis		estad		estéis	estabais
	están		estén	←	estén	estaban
HABER	he				haya	había
	has	→			hayas	habías
	ha		*inusité*	←	haya	había
	hemos			←	hayamos	habíamos
	habéis				hayáís	habíais
	han			←	hayan	habían
TENER	tengo				tenga	tenía
	tienes	→	ten		tengas	tenías
	tiene		tenga	←	tenga	tenía
	tenemos		tengamos	←	tengamos	teníamos
	tenéis		tened		tengáis	teníais
	tienen		tengan	←	tengan	tenían

LES VERBES AUXILIAIRES

Indicatif passé simple	Subjonctif imparfait	Indicatif futur	Conditionnel présent	Gérondif Participe passé
fui	fuera/se	seré	sería	
fuiste	fueras	serás	serías	siendo
fue	fuera	será	sería	
fuimos	fuéramos	seremos	seríamos	sido
fuisteis	fuerais	seréis	seríais	
fueron	fuerais	serán	seríais	
estuve	estuviera/se	estaré	estaría	
estuviste	estuvieras	estarás	estarías	estando
estuvo	estuviera	estará	estaria	
estuvimos	estuviéramos	estaremos	estaríamos	estado
estuvisteis	estuvierais	estaréis	estaríais	
estuvieron	estuvieran	estarán	estarían	
hube	hubiera/se	habré	habría	
hubiste	hubieras	habrás	habrías	habiendo
hubo	hubiera	habrá	habria	
hubimos	hubiéramos	habremos	habríamos	habido
hubisteis	hubierais	habréis	habríais	
hubieron	hubieran	habrán	habrían	
tuve	tuviera/se	tendré	tendría	
tuviste	tuvieras	tendrás	tendrías	teniendo
tuvo	tuviera	tendrá	tendria	
tuvimos	tuviéramos	tendremos	tendríamos	tenido
tuvisteis	tuvierais	tendréis	tendríais	
tuvieron	tuvieran	tendrán	tendrían	

LES VERBES IRRÉGULIERS NON CLASSÉS

Infinitif	Indicatif présent	Subjonctif présent	Indicatif imparfait	Indicatif passé simple
ANDAR	ando	ande	andaba	anduve
CABER	quepo, cabes...	quepa	cabía	cupe
CAER	caigo, caes...	caiga	caía	caí
CONDUCIR	conduzco, conduces	conduzca	conducía	conduje
DAR	doy, das...	dé	daba	di
DECIR	digo, dices...	diga	decía	dije
HACER	hago, haces...	haga	hacía	hice
IR	voy, vas...	vaya	iba	fui
OÍR	oigo, oyes...	oiga	oía	oí
PODER	puedo	pueda	podía	pude
PONER	pongo, pones...	ponga	ponía	puse
QUERER	quiero	quiera	quería	quise
SABER	sé, sabes...	sepa	sabía	supe
SALIR	salgo, sales...	salga	salía	salí
TRAER	traigo, traes...	traiga	traía	traje
VALER	valgo, vales...	valga	valía	valí
VENIR	vengo, vienes...	venga	venía	vine
VER	veo, ves...	vea	veía	vi

Subjonctif imparfait	Indicatif futur	Conditionnel présent	Gérondif	Participe passé
anduviera	andaré	andaría	andando	andado
cupiera	cabré	cabría	cabiendo	cabido
cayera	caeré	caería	cayendo	caído
condujera	conduciré	conduciría	conduciendo	conducido
diera	daré	daría	dando	dado
dijera	diré	diría	diciendo	dicho
hiciera	haré	haría	haciendo	hecho
fuera	iré	iría	yendo	ido
oyera	oiré	oiría	oyendo	oído
pudiera	podré	podría	pudiendo	podido
pusiera	pondré	pondría	poniendo	puesto
quisiera	querré	querría	queriendo	querido
supiera	sabré	sabría	sabiendo	sabido
saliera	saldré	saldría	saliendo	salido
trajera	traeré	traería	trayendo	traído
valiera	valdré	valdría	valiendo	valido
viniera	vendré	vendría	viniendo	venido
viera	veré	vería	viendo	visto

1 - LE GENRE DU NOM

1

1	la huelga	6	el ramo	11	el príncipe	16	la mano
2	la abuela	7	el banco	12	la culebra	17	el mar
3	el perro	8	el regaliz	13	la pintora	18	el monte
4	el vendedor	9	el caballo	14	el planeta		
5	la tesis	10	la criada	15	la flor		

rappel Noms *féminins en* -o : la mano, la seo... *et les abréviations :* la foto, la moto. *Noms masculins en* -a : *les noms d'origine latine ou grecque et les noms en* -ista : el poeta, el problema, el artista. *Noms féminins en* -or : la flor, la coliflor, la sor.

2

1 La carnicera. 2 La profesora. 3 La niña. 4 La camarera.
5 La escritora. 6 La mujer. 7 La periodista.
8 La joven. 9 La empleada. 10 La estudiante.

3

1 El médico. 2 El director. 3 El cocinero. 4 El panadero.
5 El gato. 6 El sirviente. 7 El rey. 8 El conde.
9 El chico. 10 El actor.

4

1 La ciudad es bonita.
2 La televisión está aquí.
3 Los días son largos.
4 El agua es fresca.
5 En nuestra habitación, hay un armario.
6 ¿ Tienes un reloj ?
7 Los hombres quieren descubrir un nuevo planeta.
8 ¿ Hablas uno o dos idiomas ?
9 El periodista es muy curioso.
10 El color de este traje es bonito.

rappel La *devient* el *devant les noms féminins commençant par* a *ou* ha *accentué :* el agua.

5

1 El artista andaluz es muy bueno.
2 Esta secretaria es amable y eficaz
3 Esta flor azul es muy frágil.
4 Me gusta sólo el vino francés.
5 El juez es muy jóven.

6

1 Son unos hombres franceses muy simpáticos.
2 Mis amigos son unos chicos inteligentes.
3 Creo que son ciudadanos españoles.
4 Los nuevos directores son muy competentes y corteses.
5 Sus profesores son catalanes.

7

1 Es una mujer francesa muy simpática.
2 Mi amiga es una chica inteligente.
3 Creo que es ciudadana española.
4 La nueva directora es muy competente y cortés.
5 Su profesora es catalana.

8

1 **La** actriz es muy guapa.
2 **El** padre de mi amiga es policía.
3 **La** casa de mis abuelos es ésta.
4 **El** parque está lejos del centro.
5 **El** champán es para las grandes ocasiones.
6 **La** callejuela está muy oscura.
7 **La** gallina pone muy buenos huevos.
8 **El/La** cantante tiene una voz bonita.
9 **Los** Pirineos separan Francia y España.
10 **Los** montes no son muy altos.

9

1 El médico es un hombre muy amable.
2 Quisiera un café con azúcar.
3 Compra una flor azul, una flor roja y una flor blanca.
4 La madre de Juan es francesa y su padre es argentino.
5 Es el nuevo profesor de mi hermana.

2 - LES POSSESSIFS

1

1 Tengo una cartera. Es **mi** cartera.
2 Tenemos una nueva profesora. Es **nuestra** profesora.
3 Pedro, ¿ es éste **tu** coche ?
4 ¿ Puede darme usted **su** dirección ?
5 El profesor habla con **sus** alumnos y alumnas.

2

1 María mira su libro
2 Yo he perdido mi memoria
3 Tú quieres tu merienda
4 Nosotros hacemos nuestras cuentas
5 Carlos y tú aprendéis vuestras lecciones

3

1 ¿ Dónde están **tus** cuadernos ? En **mi** cartera.
2 La profesora habla a **sus** alumnos.
3 Estoy con **sus** padres, no con los **míos**.
4 Llevamos **nuestros** abrigos.
5 Hay veinte alumnos en **tu** clase.

rappel **Mi** *est adjectif possessif,* mí *est pronom complément.*
Tu *est adjectif possessif,* tú *est pronom sujet.*

4

1 Son las nuestras.
2 Es el mío.
3 Son las tuyas.
4 Es el nuestro.
5 Son las suyas.
6 Son los tuyos.
7 Es la suya.
8 Son los míos.
9 Es el nuestro.
10 Es la vuestra.

5

1 Son mis hermanos.
2 Vamos a nuestras escuelas.
3 No escucháis a vuestros profesores.
4 Hablan con sus vecinas.
5 Son vuestras ciudades.

6

1 Mañana llegará mi carta. **2** Tu vecino hace ruido. **3** Ha comido su pastel. **4** Al niño le gusta su caramelo. **5** ¿ Cuándo llama vuestra madre ?

7

1 En **nuestra** casa hay muchísimos libros. **2** **Vuestros** padres van a ver a **su** familia. **3** Vuestra ciudad tiene **sus** propios monumentos **4** El doctor mirará **sus** ojos, **su** boca, y **su** nariz. **5** He preparado **tu** ropa para **tu** viaje. **6** Me gusta ir a la escuela para estudiar con **mis** amigos. **7** A Carolina no le gustan **sus** vaqueros. **8** Mi madre ha hablado con la **tuya**. **9** Si no te gusta **tu** jersey, puedes llevar **el mío**. **10** ¡ Son **nuestros** caramelos, no los **vuestros** !

8

1 Los niños leen sus libros
2 Usted escucha su contestador
3 Nosotros queremos nuestra paga
4 Ella describe su casa
5 Yo contesto a mis Padres
6 Tú compras tus muebles
7 Javier se parece a sus padres
8 Ustedes hablan con su director

9

1 Hablará con **su** padre pero no con el **mío.**
2 Aprendemos **nuestras** lecciones para **su** clase.
3 Ha comprado **su** ropa en **nuestra** tienda.
4 El médico mira **mi** radio, y también la **tuya**.
5 Te gustan las pastas, pero no las **suyas**.

10

1 Tenemos nuestras manías : somos viejos.
2 No cojáis nuestros abrigos : éstos son los vuestros.
3 ¿ Encendéis nuestros cigarrillos ?
4 Han comido todos sus platos de sopa.
5 Miramos nuestras películas preferidas.

11

1 Mi hermano es malo conmigo.
2 Mi padre no quiere que me case.
3 ¿ Dónde está tu llave ?
4 ¿ Cuánto cuesta su libro ?
5 Como tu pastel : tengo hambre.

3 - LES DÉMONSTRATIFS

1

1 ¿ Es **este** jersey que quieres ?
2 Miremos **esas** casas.
3 Hablo con **esta** vecina.
4 Con **esos** pantalones, estarás muy bien.
5 Viven en **aquella** ciudad.
6 Puedes coger **ese** libro.
7 **Éstos** son los alumnos de mi clase.
8 Estudian en **aquel** colegio.
9 Compra **esta** fruta.
10 **Aquel** coche es suyo.

2

1 Vivo en este piso/en esta ciudad.
2 Viven en esas casas.
3 Carlos vive en esta ciudad/en este piso.
4 Quiero aquel pastel/aquellos caramelos.
5 Él quiere aquellos caramelos/aquel pastel.

rappel *Les pronoms démonstratifs ont la même forme que les adjectifs démonstratifs, mais portent un accent.*
Les pronoms neutres n'ont pas d'accent, car il n'y a pas d'adjectifs correspondants et donc pas de confusion possible.

3

1 Va al mercado con **aquella** cesta.
2 Su dirección es **ésta/aquélla**.
3 Lo que quiere Carlos es aquello .
4 Éste es Carlos, ésta es María.
5 Éstas son las cartas que hay que enviar.

4

1 Ésta es tu amiga.
2 Ése es el postre.
3 Ése es nuestro amigo.
4 Es este coche que quiero comprar.
5 Este día, estoy de vacaciones.

6 Esta fresa es para comer.
7 Ese hombre es español.
8 La profesora de español es aquélla.
9 Esa escuela está abierta.
10 Este alumno está sentado.

5

1 Estos libros son míos.
2 Éstas son mis hermanas.
3 Ésos son nuestros vecinos.
4 Aquellos perros están abandonados.
5 Esos pisos no son pequeños.
6 Son éstas nuestras escuelas.
7 Estas clases tienen muchos alumnos.
8 Eso es lo que quiero.
9 Aquellos abrigos son para el invierno.
10 Esas secretarias trabajan muy bien.

rappel *Attention ! La phrase 8 ne peut pas se mettre au pluriel :* eso *est un pronom neutre qui recouvre un ensemble ou une notion abstraite.* Eso es lo que quiero *: voici ce que je veux.* Ésos *est le pluriel de* ése *:* ése es el que quiero, *voici celui que je veux.*

6

1 esta camisa
2 esos pantalones
3 aquel pié
4 este bolígrafo
5 esa clase
6 estos colegios
7 aquellas casas
8 esas hermanas
9 este apellido
10 aquellos coches

7

1 Aquéllos son sus calcetines.
2 Éste es tu bolígrafo.
3 Ésas son sus amigas.
4 Aquélla es su hermana.
5 Éstos son mis lapiceros.

8

1 estos niños
2 ese color
3 aquellas manos
4 estas vacaciones
5 esos países
6 este tren
7 aquellos aviones
8 ese barco
9 estas flores
10 aquellos billetes

4 - LES INDÉFINIS

1

1 El niño quiere **algo** en la pastelería.
2 La mujer no compra **nada** : todo es muy caro.
3 ¿ Has comido **algún** caramelo ?
4 **Nadie** habla en clase.
5 No se ve a **nadie** en la calle cuando llueve.
6 **Ningún** alumno tiene buenas notas.
7 ¿ **Alguien** quiere otro caramelo ?
8 **Nadie** ha aprendido la lección.
9 ¿ Crees que oye **algo** ?
10 El hombre no oye **nada** : es sordo.

2

1 No leo nada en este periódico.
2 No viajo nunca en estos aviones.
3 No hago ningunas compras aquí.
4 No he visto hoy a ningún amigo.
5 No hacen huelga ningunos estudiantes.
6 No miramos nada en la televisión.
7 No está libre ningún hotel.
8 No iré nunca de vacaciones contigo.
9 No sé contar ninguna historia.
10 No os daremos ningunos caramelos.

3

1 Conocemos a **alguien.**
2 Usted no charla con **nadie.**
3 **No** conduces **nada** bien.
4 **No** aprendo **nada** en estos libros.
5 **No** compra **ningún** caramelo.

4

1 Yo miro a alguien.
2 María no aprende ninguna lección.
3 Carlos y tú charláis con algunos amigos.

4 Nosotros no queremos nada para Navidad.
5 Ellas compran algunas frutas.

5

1 ¿ Quieres **algo** del mercado ?
2 Siempre habla con **algún** amigo.
3 El alumno no hace **nada** en la escuela.
4 Cuando **alguien** llama, me lo dices.
5 ¡ No abres **ningún** libro para tus exámenes !

6

1 Escucha a alguien.
2 Alguna mujer trabaja aquí.
3 Ningunos libros hablan de los fantasmas.
4 ¿ Nadie quiere merendar?
5 Algunos niños no quieren ningunos juegos.

7

1 Alguien vendrá para verme.
2 Algún amigo llamará mañana.
3 El pescador no pescará ningún pez.
4 Carlos no quiere comer nada.
5 Ninguna chica lleva pantalones hoy.

8

1 Mi hijo ne tiene ninguna mala nota.
2 Tu primo hablaba con alguien en la calle.
3 Hay algunos libros interesantes en su biblioteca.
4 Si necesitas algo, dímelo.
5 Es muy valiente : no tiene miedo de nada.
6 ¿ Nadie tiene algo que decir ?
7 Se marchó a España con algunos amigos.
8 ¡ Llámalo ! Tendrá seguramente algo interesante que contarte.
9 No veo nunca a nadie.
10 He visto algunos vestidos bonitos en esta tienda, pero no he comprado ninguno.

5 - LES INTERROGATIFS LES EXCLAMATIFS

1

1 ¿ **Quién** es tu profesor ?
2 ¿ **Cómo** estás ?
3 ¿ **Cuándo/A dónde** vas de vacaciones ?
4 ¿ **Cuánto** cuesta tu jersey ?
5 ¿ **Qué** haces esta tarde ?
6 ¿ **Cuántas** hermanas tienes ?
7 ¿ **Quiénes** vienen esta noche?
8 ¿ **Qué** quieres para tu cumpleaños ?
9 ¿ **Cuándo** llega el tren ?
10 ¿ **Cuántos** pasteles quieres ?

2

1 ¡ **Cuánto/Cómo** llueve !
2 ¡ **Cuánto** come este niño !
3 ¡ **Qué** guapa es esta chica !
4 ¡ **Cuántas/Qué** historias !
5 ¡ **Qué** ciudad más bonita !
6 ¡ **Cuánto** dinero tiene este hombre !
7 ¡ **Cuánta/Qué** lluvia cae !
8 ¡ **Qué** pastel más rico !
9 ¡ **Cuánto** me gustan los caramelos !
10 ¡ **Dónde** se esconderá el niño !

rappel *Tous les interrogatifs et les exclamatifs portent l'accent écrit.*

3

1 ¿ **Dónde** vives ?
2 ¿ **Cuándo** venís ?
3 ¿ **A qué** juegan ?
4 ¿ **Qué** quieres ?
5 ¿ **Quiénes** hablan con María ?
6 ¿ **Quién** viene conmigo al cine?
7 ¿ **Cuándo** os vais de vacaciones?
8 ¿ **Qué** hora es ?
9 ¿ **Cuánto** cuesta tu camisa ?
10 ¿ **Quién(es)** ha(n) comido mis pasteles ?

4

1 ¿ **Quién** compra el pan ?
2 ¿ **A qué** hora nos levantamos mañana ?
3 ¿ **Cómo** vienen tus amigos ?
4 ¡ **Qué** canción más bonita !
5 ¿ **Quién** tiene dinero para ir al cine ?

5

1. ¿ Qué queréis comer mañana ?
2. ¿ Cuándo vienen tus padres ?
3. ¿ Quiénes estudian las lecciones ?
4. ¡ Cuánto ruido hay !/¡ Cuántos ruidos hay !
5. ¿ Quiénes han comido el queso ?
6. ¡ Qué querrán los vecinos !
7. ¿ Cuántos kilos de carne hay que comprar ?
8. ¡ A quiénes les gustará tu comida ?
9. ¡ Cuánto pan sobre la mesa !/¡ Cuántos panes sobre la mesa !
10. ¿ A dónde vais ?

rappel ***D**ans les phrases 4 et 9, le singulier désigne la quantité globale (du bruit, du pain) et le pluriel un nombre "d'unités" (des bruits, des pains).*

6

1. ¡ **Cuánta** gente vive en Madrid !
2. ¡ **Qué** fiesta !
3. ¿ **Cuántas** chicas hay en tu clase ?
4. ¡ **Dónde** habré metido mis llaves !
5. ¡ **Qué** película más buena !
6. ¿ En **qué** estás pensando ?
7. ¿ **Quién** te ha contado algo tan raro ?
8. ¿ **Cuándo** quieres marcharte ? ¿ El lunes o el martes ?
9. ¿ Para **quién(es)** son todos estos regalos ?
10. ¡ **Qué** chica muy bonita! ¿ **Cómo** se llama ?

7

1. ¿ Cuántos días se queda usted en París, señor Sanchez ?
2. ¿ Por qué no me dijiste a qué hora venías ?
3. ¿ Cómo han contestado a todas estas preguntas ?
4. ¿ Qué tren cogeréis, niños ?
5. ¿ Qué quería decirnos ?
6. ¡ Qué molesto! Ya no me acuerdo !
7. ¡ Qué coche más bonito! ¡ Cómo me gustaría poder conducirlo !
8. ¡ Cuántas veces me ha prometido pararse de fumar !
9. ¡ Qué bien es estar de vacaciones !
10. ¡ Cómo/Cuánto odio los ejercicios de gramática !

6 - LES PRONOMS PERSONNELS

1

1 **Nosotros** compramos los caramelos en el quiosco. **2** **Vosotros** estudiáis en la biblioteca. **3** **Tú** comes un pastel. **4** **Él/Ella/Usted** tiene una hermana y un hermano. **5** **Ellos/Ellas/Ustedes** no tienen padres.

2

1 **Carlos y yo** comemos un pastel. **2** **María/ella** se parece a su madre. **3** María y Carlos van de vacaciones a Valencia. **4** **Yo** entiendo el inglés. **5** **Usted/él/ella** sale con sus amigos.

3

1 hablar → usted habla, ustedes hablan, vosotros habláis
2 escuchar → usted escucha, ustedes escuchan, vosotros escucháis
3 vivir → usted vive, ustedes viven, vosotros vivís
4 cantar → usted canta, ustedes cantan, vosotros cantáis
5 estudiar → usted estudia, ustedes estudian, vosotros estudiáis
6 leer → usted lee, ustedes leen, vosotros leéis
7 pedir → usted pide, ustedes piden, vosotros pedís
8 entender → usted entiende, ustedes entienden, vosotros entendéis
9 conocer → usted conoce, ustedes conocen, vosotros conocéis
10 dormir → usted duerme, ustedes duermen, vosotros dormís

4

1 ¿ Usted cree que vendrá mañana ? **2** ¿ Usted no ve que estoy preocupada ? **3** ¡ No fume usted aquí, por favor ! **4** Usted es el mejor amigo de Juan, ¿ verdad ? **5** ¡ Cierren ustedes todas las ventanas !

5

1 Hoy he hablado con **ella.** **2** A **ti** te gustan los caramelos. **3** Ellos **le** hablarán (a él). **4** **Te** llamo todos los días. **5** **Usted** me compra el periódico.

6

1 Es para mí. **2** Son para Carlos. **3** Es para María y tú/vosotros. **4** Son para nosotros. **5** Es para usted. **6** Es para María. **7** Son para ustedes. **8** Son para María y Pedro.

7

1 ¿ Los tienes ? **2** Las miramos. **3** Les/los llamáis. **4** ¿ Queréis ir con él ? **5** La vendemos. **6** Hablas con ellas. **7** Los colecciono.

8 Ustedes los siguen. **9** La compras en la carnicería. **10** Lo estudia en la Universidad.

8

1 Venid aquí ! Queremos hablar**os**. **2** ¿ Conoces a estas chicas ? No **las** conozco. **3** Voy a ver a mis amigas para hablar con **ellas.** **4** Si Carlos **te** llama mañana, dile que **le** saludo. **5** Entre **él** y yo, hay un secreto.

9

1 Estoy hablando con María. ¿ quieres decirl**e** algo ? **2** Usted no **me** conoce pero yo **le** conozco a usted. **3** **Te** espera a las 10h30. Tienes que darte prisa. **4** A nosotros no **nos** gusta dormir tarde. **5** Si llamas al Señor Sanchez, di**le** que he comprado los libros que **me** había pedido. **6** Quiero leer esta revista. Todavía no **la** he leido. **7** ¿ **Les** escribes a tus padres ? Escríbe**les** que les saludo. **8** Esta película es muy buena, quiero ver**la** mañana. **9** Lláma**me** el lunes próximo. Ahora no tengo tiempo de hablar conti**go**. **10** ¿ Has traido el queso para **nosotros** ? ¡ Qué bien ! Nos gusta muchísimo !

rappel *Le pronom complément se place après un verbe à l'infinitif, à l'impératif et au gérondif et se soude à lui. Ce phénomène s'appelle l'enclise.*

10

1 Por favor, ¡ cierre usted la puerta y siéntese ! **2** Dígame lo que le ha contado José. **3** Si quiere usted, puedo acompañar a su hermana. **4** No puedo ayudarles. Tienen ustedes que hacerlo solos. **5** Acérquense ustedes para entender mejor.

11

1	Lo construye.	Está construyéndolo.	¡ Construyalo !
2	La lees.	Estás leyéndola.	¡ Léela !
3	Lo hacéis.	Estáis haciéndolo.	¡ Hacedlo !
4	Le contesta.	Está contestándolo.	¡ Contéstele !
5	Nos invita	Está invitándonos.	¡ Invitenos !
6	Nos lo muestra.	Está mostrándonoslo.	¡ Muéstranoslo !
7	Te la arregla.	Está arreglándotela.	¡ Arréglesela !
8	Se lo pregunta.	Está preguntándoselo.	¡ Pregúnteselo !
9	Os la doy.	Estoy dándoosla.	¡ Dádmela !
10	Te lo prometo.	Estoy prometiendotelo.	¡ Prométemelo !

rappel *Le pronom complément d'objet indirect précède toujours le pronom complément direct.*

7 - LE COMPARATIF ET LE SUPERLATIF

1

1 el perro más pequeño
2 la ciudad más grande
3 la mujer más alta
4 los inmuebles más bajos
5 el profesor más inteligente
6 las calles más largas
7 el hombre más gordo
8 el hotel más limpio
9 el chico más moreno
10 la chica más rubia

rappel ***Le** superlatif placé après un nom défini ne prend pas d'article :*
el chico más inteligente.

2

1 una mujer muy triste/tristísima
2 un hombre muy alegre/alegrísimo
3 una tierra muy seca/sequísima
4 una palabra muy cruel/crudelísima
5 una secretaria muy amable/amabilísima
6 un papel muy blanco/blanquísimo
7 unas manos muy frías/friísimas
8 un café muy caliente/calientísimo
9 unas caras muy pálidas/palidísimas
10 una calle muy larga/larguísima

3

1 María es más amable que José. **2** Estas habitaciones son más oscuras que aquéllas. **3** Esta calle es más larga que aquélla. **4** Nuestro equipo es mejor que el vuestro. **5** Este pastel es más dulce que el de ayer. **6** Carmen es más valiente que su hermano. **7** El perro es más fiel que el gato. **8** La película es peor que el libro. **9** La falda es más barata que los pantalones. **10** Juana es más simpática que tú.

4

1 María es menos amable que José. **2** Estas habitaciones son menos oscuras que aquéllas. **3** Esta calle es menos larga que aquélla. **4** Nuestro equipo es peor que el vuestro. **5** Este pastel es menos dulce que el de ayer. **6** Carmen es menos valiente que su hermano. **7** El perro es menos fiel que el gato. **8** La película es mejor que el libro. **9** La falda es menos barata que los pantalones. **10** Juana es menos simpática que tú.

5

1 Mi padre es un hombre **felicísimo.**
2 Esta ciudad es **antiquísima.**
3 No puedo quedarme en este hotel. Está **sucísimo**.
4 Es un escritor **celebérrimo**. Tienes que leer una de sus novelas.
5 Tu gato es **cariñosísimo.**
6 Los que viven aquí son **riquísimos.**
7 Los habitantes de este barrio son **pobrísimos.**
8 Esta pélicula es **malísima.** No vale la pena verla.
9 Anoche me acosté **tardísimo.**
10 Se oye un ruido **fuertísimo.**

6

1 Es menos difícil de lo que crees **2** Vendrá más tarde de lo que ha prometido **3** Está menos feliz de lo que pensabas **4** Estoy más cansado de lo que puedes imaginar **5** Es menos interesante de lo que me contabas.

7

1 Me gusta tanto hablar español como hablar inglés.
2 A ella le gustan más las uvas que las manzanas.
3 Os gusta menos la carne que el pescado.
4 A usted le gusta tanto tocar el piano como jugar al tenis.
5 A ellos les gusta más escuchar la radio que mirar la tele.

8

1 Trabaja menos que su hermano pero tiene mejores notas.
2 He hecho más esfuerzos este año que el año pasado.
3 Compre usted esta falda. Es la más barata de toda la tienda.
4 Este ejercicio es menos difícil de lo que crees.
5 Es la chica más inteligente y más modesta que yo conozca.
6 "Soy mayor que tú y necesito más dinero", dijo Juan a su hermanita.
7 Le gusta más quedarse en casa que salir.
8 Usted conoce a más gente que yo, señor.
9 Tenemos tanto trabajo como el año pasado.
10 Esta casa es tan grande como la de mi tía.

8 - LES SUFFIXES

1

1 un arbolito. **2** una casita **3** un caminito. **4** un cochecito. **5** una mujercita. **6** una escalerita. **7** un pastelito. **8** una naranjita. **9** cositas. **10** muchachitos.

2

1 el cochazo. **2** el cucharón. **3** el portón. **4** la tazona/el tazón. **5** los ojazos. **6** la narizona. **7** las manazas. **8** el novelón. **9** el hombrón. **10** la mujerona.

3

1 La niña tenía sus **jueguitos.** **2** Vivo en un **pueblito.** **3** Es una clase **calladita.** **4** "Pronto serás mujercita", le dijo su **mamá.** **5** El agua está **fresquita.** **6** Necesito una **cajita** para guardar ésto. **7** El colegio está **cerquitade** mi casa. **8** Vamos a tomar una **copita** de vino. **9** Tiene una niña **delgadita.** **10** Las **casitas** de esta calle son muy bonitas.

9 - LES CHIFFRES ET L'HEURE

1

1 veintiuna chicas.
2 Es la una y cuarto de la tarde.
3 quinientos sesenta francos.
4 setecientas dieciocho alumnas.
5 doscientas mujeres.
6 dos milliones habitantes
7 tres mil pesetas
8 Son las doce y media de la mañana.
9 treinta y seis años
10 mil novecientos noventa y siete

rappel *Les numéraux cardinaux sont invariables sauf* **uno, ciento** *et* **millón.**

2

							M																			
C	U	A	T	R	O	C	I	E	N	T	O	S								S						
			R				L						D	I	E	C	I	N	U	E	V	E				
			E										O							I						
			S	E	I	S	C	I	E	N	T	O	S							S	E	T	E	N	T	A

3

1 Tengo **treinta** años. **2** En mi clase, hay **ciento sesenta** alumnos. **3** ¡ En la película hay **ciento una** actrices ! **4** Esto cuesta **doce mil trescientas** pesetas. **5** Mis padres me dan **quinientas** pesetas cada semana. **6** ¡ Fíjate ! Tienen **veintiún** perros. **7** Este libro tiene **quinientas setenta y dos** páginas. **8** La película empieza a **las ocho y media** de la tarde. **9** La boda empieza a **las tres** de la tarde y hay **trescientos cincuenta invitados.** **10** En la empresa hay **cuarenta y una** secretarias.

4

- ¡ Hola Carlos !
- ¡ Hola María! ¿ Sabes qué hora es ?
- Sí. Son **las cuatro y media**. ¿ A qué hora tienes clase de español ?
- A **las dos menos cuarto**. Pero mi profesora llega siempre a las dos.

5

1 **mil doscientos cincuenta y ocho pasajeros.** **2** **once millones cuatrocientos cincuenta y seis mil nueve** habitantes. **3** **veintitrés mil setecientas dieciséis** pesetas. **4** **setenta y tres mil doscientos dieciocho** kilómetros. **5** el **sexto** piso. **6** Juan Carlos **Primero.** **7** el siglo **diecinueve.** **8** la lección **veintitrés.** **9** **el treinta y cinco por ciento.** **10** **tres cuartos.**

6

1 A un joven de veintidós años le ha tocado el (premio) gordo : ¡ dos millones trescientos cincuenta mil francos ! **2** España tiene una superficie de quinientos cuatro mil setecientos ochenta y dos kilómetros cuadrados y treinta y ocho millones novecientos cincuenta mil habitantes. **3** En mil novecientos noventa y dos se festejó el quinto centenario del descubrimiento de América. **4** La guerra civil empezó en España el dieciocho de julio de mil novecientos treinta y seis. **5** Vive en el quinto piso, tercer piso a la izquierda.

10 - LE PRÉSENT DE L'INDICATIF

1

1 Yo **vivo** en esta calle. **2** Tú **comes** demasiado. **3** Él **estudia** muchísimo. **4** Nosotros **trabajamos** en Barcelona. **5** Vosotros **compráis** cosas que no **necesitáis**. **6** Tú **realizas** una nueva película. **7** Ellos **escriben** a sus padres. **8** Usted **viaja** mucho. **9** Yo **olvido** siempre mis llaves. **10** Ustedes **llegan** siempre con retraso.

2

1	yo recompienso,	nosotros recompensamos
2	yo caliento,	nosotros calentamos
3	yo entiendo,	nosotros entendemos
4	yo cuento,	nosotros contamos
5	yo vuelvo,	nosotros volvemos
6	yo pienso,	nosotros pensamos
7	yo pierdo,	nosotros perdemos
8	yo encuentro,	nosotros encontramos
9	yo sueño,	nosotros soñamos
10	yo me siento,	nosotros nos sentamos

rappel *Au présent de l'indicatif, certains verbes diphtonguent : le* **e** *devient* **ie** *et le* **o** *devient* **ue** *à toutes les personnes sauf la 1re et la 2e du pluriel.*

3

1 Yo empiezo a las diez.
2 Tú no comes bastante.
3 Él invita a todos sus amigos./vive en París.
4 Ellos entienden todo lo que leen./escriben cartas muy largas.
5 Nosotros nos cambiamos para la fiesta.
6 Vosotros contestáis siempre al profesor.
7 Usted vive en París./invita a todos sus amigos.
8 Ustedes escriben cartas muy largas./entienden todo lo que leen.

4

1 conocer → conozco, conoces
2 crecer → crezco, creces
3 ofrecer → ofrezco, ofreces
4 reconocer → reconozco, reconoces
5 conducir → conduzco, conduces
6 nacer → nazco, naces

rappel ***Au** présent de l'indicatif, les verbes en* **-acer, ocer, -ecir, -ucir** *font leur 1re personne du singulier en* **-zco.**

5

1 **Estáis** contentos, ¿ verdad ?
2 Te **toca** a ti.
3 ¿ **Es** usted el profesor de Pedro ?
4 No me **falta** nada.
5 Nosotros lo **sabemos** ya.
6 Vuelvo a las diez.
7 ¿ Me **traes** aquel libro, por favor ?

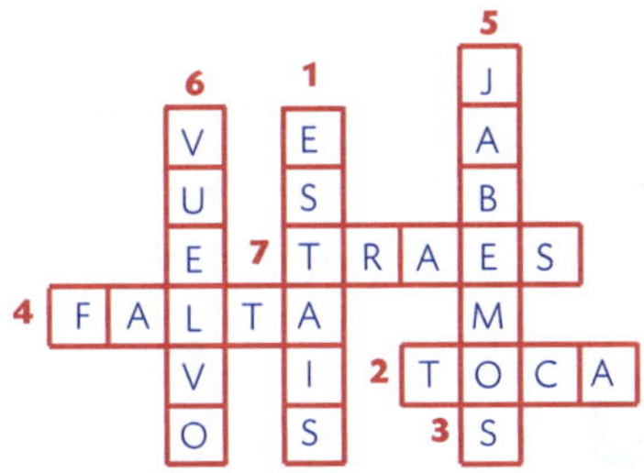

6

1 caer → caigo, caes
2 dar → doy, das
3 hacer → hago, haces
4 poner → pongo, pones
5 saber → sé, sabes
6 salir → salgo, sales
7 traer → traigo, traes
8 ver → veo, ves

7

A

1 Tú consigues
2 Vd piensa
3 Vosotros podéis
4 Ellos construyen
5 Ella ve
6 Yo pongo

B

1 No **consigues** nunca llegar a la hora.
2 ¿ Y usted, señora, **piensa** que tiene él razón ?
3 No **podéis** llevar esta caja sólos. Está demasiado pesada.
4 **Construyen** nuevos inmuebles detrás de la estación.
5 Trabaja toda la semana y **ve** a su familia sólo el fin de semana.
6 **Pongo** vuestros/sus libros aquí, sobre esta mesa.

11 - LA FORME PROGRESSIVE

1

1 Yo estoy limpiando el cuarto.
2 Él está comiendo.
3 Nosotros estamos bebiendo café con leche.
4 Tú estás escuchando.
5 Ellos están leyendo.
6 Ella está durmiendo.
7 Vosotros estáis mirando la tele.
8 Ustedes están jugando al tenis.
9 Ellas están bailando.
10 Usted está pensando en su trabajo.

2

1 Yo estoy preparando la comida.
2 Tú estás lavando tus manos.
3 Ellos están riéndose de mí.
4 Nosotros estamos aprendiendo el poema.
5 Usted está hablando con su director.

3

1 ¿ Qué estás diciendo a Juan ?
2 Los niños están cruzando la calle.
3 Mi madre está cosiendo una falda.
4 Pedro está dando de comer al perro.
5 ¿ Con quién estáis hablando ?
6 ¿ Qué estás haciendo ?
7 ¡ Estoy escribiendo una novela !

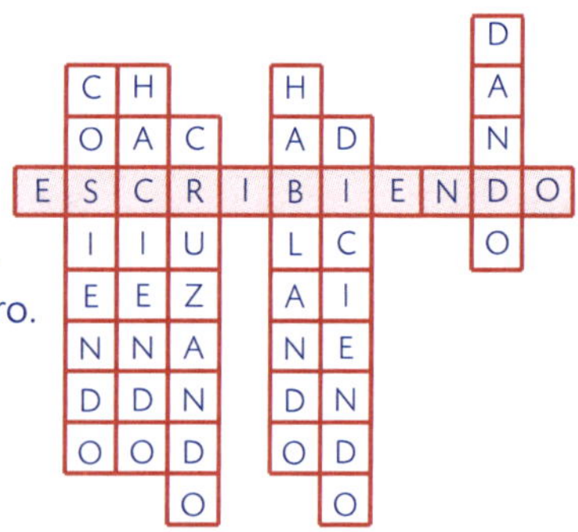

4

1 ¿ No oyes lo que **estoy diciéndote** ?
2 Los niños **están vistiéndose** para ir de paseo.
3 Creo que Luis no entiende lo que **estás pidiendole**.
4 **Están mostrándonos** sus nuevos cuadros.

5 Mi padre **está afeitándose** en el cuarto de baño.
6 **Estoy calentándoos** la comida.
7 ¿ **Estás probándote** el nuevo vestido ahora ?
8 ¿ Por qué **estáis siguiéndonos** ?
9 **Están temblándome** las manos.
10 ¿ Quién **está arreglándote** el coche ?

5

1 El tren **va alejándose.**
2 María **sigue esperando** una carta de Pedro.
3 La gente **va saliendo** del museo.
4 **Ando buscando** mi libro.
5 Los precios **van/siguen aumentando** cada día más.
6 Aunque ha pasado un año en Madrid, Paul **sigue hablando** mal el español.
7 El deportista **sigue entrenándose** para los Juegos olímpicos.
8 **Andan mirando** cada escaparate.
9 Tiene setenta años pero **sigue trabajando**.
10 Con este libro de curso **vamos aprendiendo** cada día más cosas.

rappel **Seguir** + *gérondif traduit une idée de continuité.*

6

1 ¿ Qué está haciendo ahora ? Creo que está durmiendo.
2 El niño está jugando con el ordenador.
3 Estoy probando mi nuevo vestido.
4 A pesar de todas nuestras explicaciones, sigue haciendo faltas.
5 El sol va saliendo de las nubes.
6 No le molestes. Está hablando con un amigo de Buenos Aires.
7 Está diciendo cosas interesantes y nadie le escucha.
8 ¡ Demasiado tarde ! El avión está despegando.
9 ¿ Qué miráis ? Yo no veo nada.
10 Estoy pensando en todas las cosas que tengo que hacer para la semana que viene.

12 - LE PASSÉ COMPOSÉ

1

1 Nosotros hemos comido
2 Vosotros habéis apreciado
3 Usted ha sabido
4 Yo he querido
5 Tú has amado
6 Yo he extendido
7 Él ha incluido
8 Ellas han recibido
9 Nosotros hemos conducido
10 Tú has estudiado

2

1 he hablado, hemos hablado
2 he discutido, hemos discutido
3 he respondido, hemos respondido
4 he suspendido, hemos suspendido
5 he estado, hemos estado
6 he visto, hemos visto
7 he abierto, hemos abierto
8 he puesto, hemos puesto
9 he escrito, hemos escrito
10 he hecho, hemos hecho

3

1 Yo he contestado a todas tus preguntas.
2 Tú has bebido tu leche.
3 Usted ha probado su nueva falda.
4 Nosotros hemos oído un ruido muy fuerte.
5 Ellos han leido todas las novelas de García Márquez.
6 Vosotros habéis visto la última película de Pedro Almodóvar.
7 Ella ha hablado con su madre de la excursión.

4

1 Carlos ha estudiado para la tarea .
2 Nosotros hemos vivido en España .
3 Usted ha comido en un restaurante.
4 Ellos han ido a la escuela.
5 Tú has leido muchos libros.

5

1 ¿ **Ha oído** como gritaban sus niños, señor ?
2 **Hemos llegado** demasiado tarde.
3 **Habéis vivido** en Salamanca, ¿ verdad ?
4 **He recibido** una carta de Juan. Me escribe desde Buenos Aires.
5 El profesor nos **ha dado** muchos deberes para la semana próxima.

				4				
			3	R	5			
		2	V	E	D			
	1	L	I	C	A			
6	O	L	V	I	D	A	D	O
	Í	E	I	B	O			
	D	G	D	I				
	O	A	O	D				
		D		O				
		O						

6

1 No **he visto** a Manuel.
2 **Has dicho** que ibas de vacaciones.
3 Usted me **ha escrito** una carta muy interesante. Le **he contestado**.
4 **Han abierto** las puertas para dejar entrar al público.
5 Los chicos **han vuelto** de la escuela en bicicleta.
6 Te **he traido** el libro si no lo **has encontrado** en la biblioteca.
7 Creo que **he descubierto** algo muy raro.
8 Lo **ha hecho** porque lo **ha prometido**.
9 No sabéis dónde **habéis puesto** el nuevo cuadro.
10 **Ha sido** muy difícil, lo sé.

7

1 ¿ Has visto a mi hermano ? No sé dónde está. No me lo ha dicho.
2 Nadie ha comprendido su último discurso.
3 Está usted seguro de que han cerrado bien todas las ventanas ?
4 No ha contestado a mi pregunta.
5 Puedes llamarle. Creo que ha llegado ya.
6 Se ha despertado. He oído ruido en su habitación.

13 - L'IMPARFAIT DE L'INDICATIF

1

1 Carlos venía.	**2** Tú andabas.
3 Nosotros trabajábamos.	**4** Usted servía.
5 Ellos tenían.	**6** Yo era.
7 Nosotros hacíamos.	**8** Ellas incluían.
9 Vosotros veíais.	**10** Él iba.

rappel *Les trois imparfaits irréguliers sont* ver - veíais, ser - era *et* ir - iba.

2

1 Yo iba a la escuela/leía muchísimo.
2 Tú eras feliz.
3 Vosotros constituíais un equipo.
4 Nosotros trabajábamos en una biblioteca.
5 Ellos estaban en casa/querían comer...
6 Ustedes querían comer.../estaban en casa.
7 Carlos arreglaba el coche.
8 Usted leía muchísimo/iba a la escuela.

3

1 Tú **querías** ver la nueva película. **2** Vosotros **hablabais** con los profesores. **3** Ellos **estudiaban** en un colegio. **4** Yo **estaba** siempre enfermo. **5** Usted **conducía** muy bien. **6** El era médico. **7** El perro no **hacía** daño a los niños. **8** Ellas **incluían** a Carmen en su grupo. **9** Vosotros **esperabais** a vuestros amigos. **10** Nosotros **íbamos** al estadio.

4

E																			
S		V						N			E								
T	R	I	U	N	F	A	B	A	M	O	S								
U		U						C			T								
D		T						I		S	A	B	I	A					
I		A				E	R	A			B								
A		N									A								
B									C	O	N	F	U	N	D	Í	A	I	S
A																			

5

1 Me **encantaban** las novelas de Agatha Christie.
2 No **podía** molestarle; **estaba** durmiendo.
3 Le **dejaban** siempre solo y **se aburría**.
4 Mis sobrinos **iban** todos los años al mar.
5 **Hablabas** con voz muy fuerte y no **te dabas cuenta** de que **molestabas** a los demás.
6 Le **gustaba** jugar al baloncesto.
7 ¡ Qué suerte **tenía**! Le **tocaba** el gordo cada año !
8 Me **dolía** la cabeza y **tenía** sueño.
9 ¿ Por qué **estabas** tan triste ? Y ¿ por qué **llorabas** así ?
10 **Eran** las cinco. Mis hermanos **estaban** en casa.

6

1 ¿ No sabías que el avión tenía retraso ?
2 Pensaba a menudo en ella pero no le escribía nunca.
3 Hacían tanto ruido que ya no se oía la música.
4 Había mucha gente que hacía la cola delante de la tienda.
5 Íbamos muy a menudo al teatro en aquella época.

7

B	O	S	I	R	V	E
U	S	E	N	T	I	R
S	C	A	E	P	Y	O
C	O	N	O	C	E	R
A	E	D	Z	A	R	D
R	S	A	B	E	R	T
O	E	R	V	I	M	E

B - 1 El niño había desaparecido y su madre lo buscaba .
2 María no conocía a nadie en aquel barrio y se sentía muy sola.
3 De pronto me dí cuenta de que alguien andaba detrás de mí.
4 Los médicos sabían lo que tenían que hacer.

14 - LE PASSÉ SIMPLE

1

1 Yo **aprendí** todas mis lecciones. **2** Tú **consentiste**. **3** Ella **cantó** villancicos. **4** Nosotros **cruzamos** en los pasos de zebra. **5** Ellos **pudieron** cambiar las cosas. **6** La profesora **preparó** el examen. **7** Nosotros **cantamos** la nueva canción de Mecano. **8** La secretaria **trabajó** muy tarde. **9** Vosotros **aprendisteis** todas las lecciones. **10** Usted **compró** la fruta en el mercado.

2

1 hablar → yo hablé, nosotros hablamos
2 aprender → yo aprendí, nosotros aprendimos
3 vivir → yo vivínosotros, vivimos
4 repetir → yo repetí, nosotros repetimos
5 convertir → yo convertí, nosotros convertimos
6 morir → yo morí, nosotros morimos
7 ser → yo fui, nosotros fuimos
8 estar → yo estuve, nosotros estuvimos
9 tener → yo tuve, nosotros tuvimos

3

1	Carlos	murió	**6**	María y yo	aprendimos/quisimos
2	Tú	recogiste	**7**	Nosotros	aprendimos/quisimos
3	Yo	supe	**8**	Ellos	fueron
4	Nosotros	escribimos	**9**	Usted	condujo
5	Ellos	cosieron	**10**	Vosotros	pudisteis

4

A -
1 divertir - divertist
2 consentir - consintió
3 mentir - mintieron
4 sentir - sentimos
5 hervir - hervisteis

B -
6 pedir - pedí
7 repetir - repetisteis
8 corregir - corregiste
9 servir - sirvieron
10 conseguir - conseguimos

rappel ***Au** passé simple, le* **e** *du radical devient* **i** *aux 3ᵉ personnes du singulier et du pluriel.*

5

1 **Condujiste** para llevarle al hospital. 2 **Estuvimos** siempre a tu lado. 3 **Gané** una copa de joven. 4 **Cogí** mi paraguas antes de marchar. 5 Ellos **supieron** qué hacer. 6 Ella **compró** todo lo necesario. 7 **Jugaste** al ajedrez con tu padre toda la noche. 8 **Vimos** a los médicos después de la operación. 9 **Comieron** todos los restos. 10 Él **fue** mi mejor amigo.

6

1 Yo **quise** ir a la escuela. 2 Nosotros **fuimos** estudiantes. 3 La semana pasada, Juan **estuvo** en París. 4 Ayer, ustedes no **pudieron** salir : llovía. 5 El alumno no **supo** contestar.

7

doy - di	digo - dije	hago - hice
quiero - quise	sé - supe	vengo - vine
veo - vi	voy - fui	pongo -puse
puedo - pude		

8

1 No quiso hacerlo. 2 No supe contestar. 3 Cuando lo vio, se puso a gritar. 4 Os dieron buenos consejos. 5 Juan vino a verme dos veces la semana pasada. 6 Usted le dijo la verdad. 7 Hicimos gordos esfuerzos antes del examen. 8 ¿ Dónde puso Usted/pusisteis el libro? Nadie pudo encontrarlo.

9

1 La semana pasada fuimos a verle. 2 Te di el libro el viernes pasado. 3 Estuve en casa ayer. 4 El año pasado aprobé todos los exámenes. 5 Me llamaste el sábado pasado.

10

1 El mes pasado **trabajó** muchísimo. 2 **Trabajé** muchísimo en mi vida. 3 En 1995 **fuiste** dos veces a Buenos Aires. 4 Desde 1990 **ha ido** todos los años a Argentina. 5 **Hemos hablado** mucho de ti este fin de semana. 6 **Hablé** con María ayer. 7 Pedro **ha hecho** progresos enormes desde el principio del año. 8 En 1995, Pedro pasó un mes en España e **hizo** progresos enormes en español.

rappel **Attention** *! Dans la phrase 8 le y devient* e *devant* hizo.

15 - LE FUTUR

1

1 Yo **aprenderé** en clase. **2** Nosotros **charlaremos** poco.
3 Ellos **comerán** las manzanas. **4** Tú **toserás** toda la noche.
5 Juan **comprará** la carne. **6** El niño **jugará** al fútbol.
7 Este año usted **irá** de vacaciones. **8** A ti te **gustará** el postre.
9 Vosotros **llegaréis** mañana. **10** Ustedes **mirarán** la película.

rappel *Les terminaisons du futur sont les mêmes pour tous les verbes.*

2

1 Yo coseré/él coserá como una costurera/un costurero.
2 Yo aclararé/él aclarará el agua.
3 Yo estudiaré/él estudiará en la Universidad.
4 Yo viviré/él vivirá allí.
5 Yo comeré/él comerá espárragos.
6 Yo podré marcharme/él podrá marcharse.
7 Yo tendré/él tendrá miedo.
8 Yo saldré/él saldrá con Carlos.
9 Yo haré/él hará castillos de arena.
10 Yo sabré/él sabrá cómo termina la pieza de teatro.

3

1 Yo querré **2** Tú sabrás **3** Él cantará **4** Nosotros estudiaremos **5** Ustedes podrán **6** Carlos y yo haremos **7** Los alumnos dirán **8** Yo haré **9** Tú tendrás **10** Vosotros saldréis

4

1 Leeremos después de cenar.
2 Sabréis el final de la historia (mañana).
3 Nevará esta noche.
4 Arrancaré las malas hierbas del jardín.
5 Mirarás por la ventana.
6 Cantaré la nueva canción del verano.
7 Comeremos pavo en Navidad.
8 Haré compras para toda la semana.

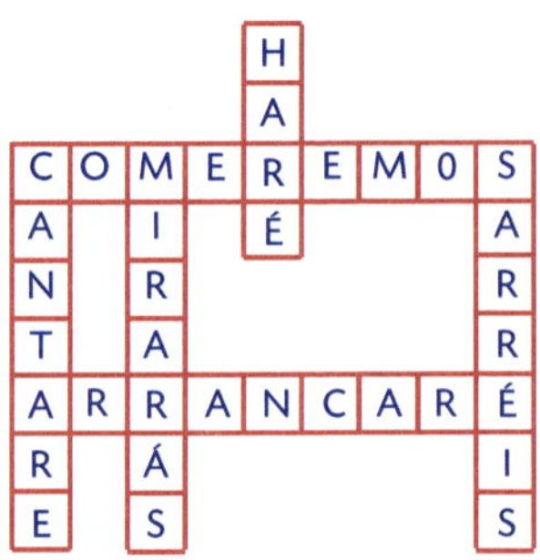

5

1 ¿ Saldrá Usted esta noche ?
2 No podrá Usted venir a verme.
3 Harán Ustedes una fiesta para el cumpleaños de su hijo.
4 Sabrá Usted todo lo que ha pasado.
5 Tendrán Ustedes muchos regalos para Navidad.

6

1 Escucharemos lo que nos dices.
2 Te daré la respuesta.
3 Volveré a casa.
4 No nos moveremos.
5 Se lo diré.
6 Saldré y cerraré la puerta.
7 Veré la película.
8 Nos vestiremos y vendremos con vosotros.
9 Comeré el pastel.
10 Pediré la información allí.

7

1 **Cogeremos** las canicas.
2 **Reirán** de la broma.
3 **Haremos** las compras en esta tienda.
4 **Serán** siete hermanos.
5 **Tendrás** mucha suerte.

C	O	G	E	R	E	M	O	S
A				E				
E				I				
R		H	A	R	E	M	O	S
A				A				
S	E	R	A	N				

8

1 No os dirá nunca la verdad.
2 Pedro nos llamará desde Madrid.
3 Haremos más esfuerzos para triunfar esta vez.
4 Pondrán todos los libros sobre la mesa y todo el mundo podrá cogerlos.
5 Nadie le creerá si cuenta una historia así, Señor.
6 Miraré la película está noche.
7 "¿ Sabréis contestar a todas estas preguntas ?"
8 No querrás volver a jugar con ellos.
9 Pensarán que estoy enfermo (a).
10 No estará nunca de acuerdo con nosotros.

16 - LE CONDITIONNEL

1 Yo **cambiaría** las divisas.
2 **Parecería** cansada.
3 **Volveríamos** a Francia.
4 **Sustituirían** los dos libros.
5 Usted **preguntaría** dónde está el mercado.
6 Te **olvidarías** el pan.
7 Os **pondríais** el traje nuevo.
8 **Tendría** mucha hambre.
9 Ustedes **saldrían** tarde de la oficina.
10 **Haría** mis deberes.

rappel *Le conditionnel se forme, comme le futur, à partir de l'infinitif du verbe. Les irrégularités sont les mêmes que celles du futur (*poner : pondrá, pondría*, par exemple). Les terminaisons sont les mêmes pour tous les verbes.*

1 Me quedaré/Me quedaría en casa tranquilo.
2 Entenderá/Entendería el nuevo idioma.
3 Dormirá/Dormiría hasta las diez.
4 Nos gustará/Nos gustaría su pastel.
5 Consentirán/Consentirían un plazo.
6 Veréis/Veríais a Juan.
7 Este traje valdrá/valdría poco.
8 Tú me dirás/dirías algo.
9 Usted no querrá/querría venir.
10 Ustedes vendrá/vendría a vernos.

1 a) Yo **estudiaría** bien con un buen profesor.
1 a) Nosotros **volveríamos** de vacaciones a España.
1 b) Usted **comería** una buena chuleta.
1 b Tú **pedirías** buenas cosas.
1 b) El alumno no **charlaría.**
1 a) Ellos no **vendrían** a la escuela.
1 a) Tú **harías** muchas cosas.
1 b) Nosotros **estaríamos** contentos si tuvieras buenas notas.
1 a) La niña **querría** un caramelo.
1 b) Vosotros **podríais** trabajar mucho mejor.

4

1 Nosotros seríamos ricos si trabajáramos más.
2 Tù estariás malo con este frío
3 Yo traería más leña si la tuviera.
4 Usted rascaría la tierra para encontrar oro.
5 Ellos escribirían mejor con buenos bolígrafos.
6 Yo tiraría con una buena escopeta.
7 ¿ Dónde nosotros iríamos ?
8 Nosotros reiríamos si no estuviéramos malos.

5

1 c) Yo cantaría si me acordara de la canción.
2 a) Tú lo sabrías si te lo hubieran dicho.
3 e) El querría hablarte si tuvieras tiempo de escucharle.
4 b) Podríamos hacerlo si nos lo pidiera.
5 d) Ustedes estudiarían mejor si no hubiera tanto ruido.

rappel ***Si** le verbe de la principale est au conditionnel, le verbe de la subordonnée introduite par si est au subjonctif imparfait.*

6

1 Si (él) tuviera sed bebería este zumo.
2 Si (yo) estuviera en Madrid iría a verla.
3 Si hiciera frío nos pondríamos un jersey.
4 Si (yo) tuviera tiempo escribiría a Pedro.
5 Si usted me diera los libros los leería.

7

1 Me dijo que vendría el sábado.
2 Me preguntaron si comería con ellos.
3 No sabía quién podría ayudarnos.
4 Sabías que aprobarías, ¿ verdad ?
5 Estaba seguro de que se enfadarían.

8

1 Querría/le gustaría saber dónde vais de vacaciones.
2 Seríamos felices de/Nos gustaría verles.
3 Podría ayudarles.
4 Me dijo que saldría mañana.
5 Querían saber si vendríamos.

17 - L'IMPÉRATIF

1

1 ¡ Habla con él ! **2** ¡ Insistamos para que venga ! **3** ¡ Comed pescado ! **4** ¡ Lea este libro ! **5** ¡ Abran todas las ventanas ! **6** ¡ Cierra la tienda hoy ! **7** ¡ Pidamos un día de vacaciones ! **8** ¡ Oíd bien a los vecinos ! **9** ¡ Sea el director de la empresa ! **10** ¡ Vayan a ver la fábrica !

rappel *La seule forme propre à l'impératif est la 2e personne du pluriel.*

2

1 ¡ No hables con él ! **2** ¡ No insistamos para que venga ! **3** ¡ No comáis pescado ! **4** ¡ No lea este libro ! **5** ¡ No abran todas las ventanas ! **6** ¡ No cierres la tienda hoy ! **7** ¡ No pidamos un día de vacaciones ! **8** ¡ No oigáis bien a los vecinos ! **9** ¡ No sea el director de la empresa ! **10** ¡ No vayan a ver la fábrica !

3

1	comamos	nosotros	**6**	haga	usted
2	vivan	ustedes	**7**	ve	tú
3	habla	tú	**8**	pongan	ustedes
4	cosa	usted	**9**	salgamos	nosotros
5	mirad	vosotros	**10**	venid	vosotros

4

1 ¡ **Encienda** usted la luz, por favor ! **2** ¡ **Come** tu chuleta ! **3** ¡ **Repetid** vuestras lecciones ! **4** ¡ **Vuelvan** antes de las diez de la noche ! **5** ¡ **Leed** este libro ! **6** ¡ **Ponte** tu jersey ! **7** ¡ **Ve** a la carnicería ! **8** ¡ **Haz** tus deberes ! **9** ¡ **Cerrad** la puerta, niños ! **10** ¡ **Pidamos** la cuenta antes de marcharnos !

rappel *La 2e personne du singulier (tú) de l'impératif est identique à la 3e personne du singulier de l'indicatif présent.*
La 3e personne singulier (usted) est identique à la 3e personne du singulier du subjonctif présent.

5

1 ¡ Contad historias a los niños ! **2** ¡ Comamos pronto !
3 ¡ No miremos los escaparates ! **4** ¡ Alimenten a los pobres !
5 ¡ Sabe tus lecciones ! **6** ¡ Escribe a tus padres !
7 ¡ Encuentre a mucha gente !

6

A		B	
1	¡ Ven a las ocho !	**1**	¡ No vengas a las ocho !
2	¡ Escuchad la música !	**2**	¡ No escuchéis la música !
3	¡ Llegue mañana !	**3**	¡ No llegue mañana !
4	¡ Acepten nuestra invitación !	**4**	¡ No acepten nuestra invitación !
5	¡ Comamos fuera esta noche !	**5**	¡ No comamos fuera esta noche !
6	¡ Ponte las gafas !	**6**	¡ No te pongas las gafas !
7	¡ Arreglen el coche !	**7**	¡ No arreglen el coche !
8	¡ Paguemos la fruta !	**8**	¡ No paguemos la fruta !
9	¡ Recuerda mi nombre !	**9**	¡ No recuerdes mi nombre !
10	¡ Devolved el libro !	**10**	¡ No devolváis el libro!

rappel ***Pour exprimer la défense, on utilise la forme négative du subjonctif présent.***

7

1 ¡ Pregúntale ! **2** ¡ Mírala ! **3** ¡ Esperémosle !
4 ¡ Escondedlas ! **5** ¡ Constrúyela ! **6** ¡ Escúchales !
7 ¡ Tradúzcalo ! **8** ¡ Páguelo (usted) !
9 ¡ Déjelo (usted) aquí ! **10** ¡ Tómela (usted)!

8

1 ¡ Muéstranoslos ! **2** ¡ Despiértate ! **3** ¡ Vestios !
4 ¡ Decídelo ! **5** ¡ Llevémosla ! **6** ¡ Lavémonos !
7 ¡ Dímelo ! **8** ¡ Dáselas ! **9** ¡ Acercaos !
10 ¡ Mírame y escúchame !

9

1 ¡ No me hables de ese chico ! **2** ¡ Ven aquí y escúchame bien ! **3** ¡ No se enfade, señora ! **4** ¡ Mirad, niños ! **5** ¡ Olvide todo lo que le he dicho, señor ! **6** ¡ No se marche(n)/no os marchéis antes de las cinco ! **7** ¿ Dónde está ? ¡ Llámala ! **8** Quiero esa/esta foto. ¡ Dámela ! **9** Cierre(n)/Cerrad las ventanas, por favor. **10** ¿ El libro ? ¡ Cógelo !

18 - LE PRÉSENT DU SUBJONCTIF

1

1 Hace falta que me **quede** en casa.
2 Tal vez **creas** en los fantasmas.
3 Es necesario que **hablen** a los profesores después de las clases.
4 Es preciso que **vuelva** a casa después.
5 Quizás **queráis** tener buenas notas.

2

1 Es necesario que meriende bien.
2 Es necesario que cosas dos o tres cosas.
3 Es necesario que entendamos lo que quiere decir.
4 Es necesario que insista para que vuelvas.
5 Es necesario que desayunemos todos juntos.
6 Es posible que suponga el resultado.
7 Es posible que rías de sus tonterias.
8 Es posible que entretengan una buena amistad.
9 Es posible que pidáis más dinero.
10 Es posible que conduzca un camión.

3

1 estar, estén
2 hablar, hablemos
3 vivir, viva
4 coser, cosa
5 aprender, aprendas
6 tener, tengáis
7 saber, sepa
8 exprimir, exprimas
9 expresar, expresen
10 cruzar, crucemos

4

1 b) Quiero que **aprendas** tus lecciones.
2 a) ¡ **No comas** todos los caramelos !
3 a) **Esperamos** que vuelva pronto.
4 a) Acaso **podamos** comprar el regalo.
5 a) ¡ No **fumen** !

6 a) Usted dice que no **hablemos** más.
7 b) ¡ No **vengáis** tarde !
8 a) Quizás **conduzca** bien hoy.
9 a) No quiero que mi hija **salga** esta noche.
10 b) Acaso **tengan** ustedes buen tiempo.

5

1 Quieren que nosotros **conduzcamos** el coche de nuestros padres.
2 Quiero que tú **contestes** bien.
3 Es posible que ella **entienda** la última lección.
4 No es posible que tú no **escuches.**
5 Diles que **cenen.**
6 Espero **que** no **sea** una mala sorpresa.
7 No tartamudees así.

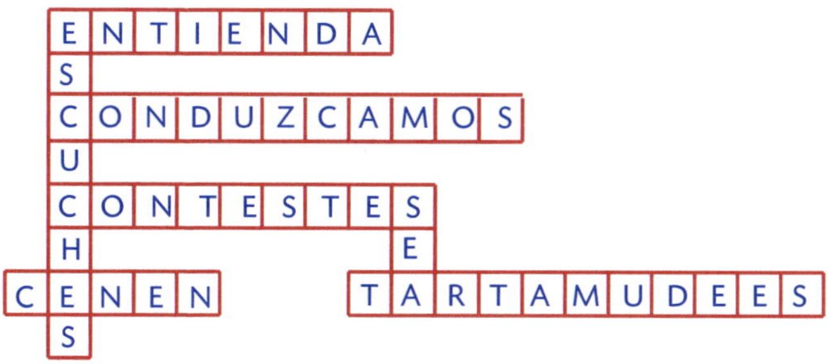

6

1 Quiero que tú **pongas** un jersey.
2 Es posible que ustedes **valgan** para este trabajo.
3 No es posible que nosotros no lo **sepamos.**
4 Deseas que ellos **estén** de vacaciones contigo.
5 Yo no quiero que él **sea** mi cuñado.

7

1 Quizás **esté** enfermo.
2 Quizás **tenga** tiempo para hablar con él.
3 Quizás **quiera** usted un pastel.
4 Quizás nos **veamos** mañana.
5 Quizás os **diga** la verdad.

rappel **Quizás** *est toujours suivi du subjonctif.*

8

1. Es necesario que me lo digas.
2. Es necesario que conduzcáis el coche.
3. Es necesario que hable usted con él.
4. Es necesario que seas bueno con el chico.
5. Es necesario que me responda.
6. Es necesario que dejéis los libros aquí.
7. Es necesario que me lo cuentes.
8. Es necesario que repitáis esta frase.
9. Es necesario que empecéis.
10. Es necesario que defienda usted a su hijo.

9

1. **Cerraré** la puerta cuando **salgas.**
2. **Hará** lo que ustedes **quieran.**
3. **Llamaremos** a Pedro en cuanto **llegues.**
4. Te **contaré** todo tan pronto como lo **sepa.**
5. **Escribirá** a sus padres en cuanto **tome** la decisión.

10

1. No creo que haga buen tiempo.
2. Quiero que me pidas un consejo.
3. No estoy seguro de que sepan lo que pasó.
4. Me gustará que hablen muy bien español.
5. Sus padres quieren que aprueben los exámenes.

11

1. No creo que nos acompañen esta vez.
2. Quiero que pases más tiempo con tu hermanito. Alguien tiene que ocuparse de él.
3. Tal vez haga buen tiempo, pero no estoy seguro de que podamos comer sobre la hierba. Temo que la tierra esté aún mojada.
4. Iré donde quieras y haré lo que quieras, pero ¡para de gritar !/¡ no grites más !
5. Nos enviarán un telegrama en cuanto lleguen a Australia. Cuando lo reciba, te llamaré.

19 - L'IMPARFAIT DU SUBJONCTIF

1

1 Deseaba que yo **comprendiera/comprendiese** lo que dice el hombre.
2 Era necesario que nosotros nos **sustentáramos/sustentásemos** con pocas calorías.
3 Era preciso que ellos **salieran/saliesen** para ir a una farmacia.
4 Queríamos que tú **usaras/usases** el teléfono si necesario.
5 Yo no deseaba que ella **creyera/creyese** que no era su amiga.

2

1	participar	participara, participáramos
2	colgar	colgara, colgáramos
3	decir	dijera, dijéramos
4	luchar	luchara, lucháramos
5	agradecer	agradeciera, agradeciéramos

3

1 Querían que **luchàramos** por un ideal.
2 Me pidió que **participara** a un juego.
3 Había pedido que **colgara** el teléfono.
4 Querría que (yo) le **agradeciera** por los regalos.
5 Insistió para que (nosotros) **dijéramos** la verdad.

4

1 Yo colgara
2 Nosotros consistiéramos
3 Tú vinieras
4 Ellas repararan
5 Vosotros disculparais
6 Yo sintiera
7 Nosotros pusiésemos
8 Tú vinieses
9 Ellas pusieran
10 Vosotros dieseis

5

1 Yo quería que **vinieras.** **2** Nosotros viajamos para que **vieras** a la familia. **3** Miraste para que **comieran** todos bien. **4** Hablabas fuerte para que **oyeran** todos. **5** Escribisteis para que os **mandaran** regalos.

6

1 Querían que los **admiraran.** **2** Era necesario que yo le **entendiera.** **3** No quería que nos **atrasáramos.** **4** Tu madre no quería que te

alejaras. **5** No era necesario que **salara** más. **6** Ella deseaba que **lucharais** por vuestros estudios. **7** La profesora deseaba que los alumnos **reflexionaran.** **8** Las madres deseaban que sus hijos **soñaran** con los angelitos.

7

1 Querías que yo hiciera algo por ella. **2** Deseabas que nosotros supiéramos que estabas contento. **3** No querías que ellos condujeran el coche nuevo. **4** No querían que oyeras las riñas. **5** Sus padres no querían que ella fuera a la feria.

8

1 Buscaba un jersey que **tuviera** mucha lana. **2** Era para que ustedes **aprendieran** la canción. **3** Deseábamos que **pudierais** ir de vacaciones. **4** Nos enseñó su libro para que **comprendiéramos.** **5** Compró el periódico para que lo **leyerais.**

9

1 Juan me pidió que le prestara un libro. **2** Era necesario que encontráramos una película que les gustara a todos. **3** Era mejor que no se lo dijeras. **4** Te llamé para que me ayudaras. **5** Nunca se quedaba en casa a no ser que estuviera enfermo. **6** Era difícil que sus amigos comprendieran sus problemas. **7** Era preciso que les dieras todos los detalles. **8** Querían que escribieras al director. **9** Hacía falta que esperaran hasta el lunes. **10** Era posible que nadie lo creyera.

10

1 b) Si tuviera hambre se tomaría un bocadillo.
2 c) Si te quedaras con nosotros iríamos juntos al cine.
3 e) Si hablaran en voz alta todo el mundo les oiría.
4 a) Si estuvierais atentos lo comprenderíais todo.
5 d) Si mi madre me llamara tendría que irme en seguida.

11

1 Si me llamara, iría. **2** Si hiciera buen tiempo, saldríamos. **3** Si no lo supieras, no contestarías. **4** Si te despertaras a las cinco de la mañana, estarías cansado. **5** Si te encontraras mal, llamaría al médico.

20 - L'ENCLISE

1

1 **Le** hablo. **2** Te **lo** he dado. **3** Estás mirándo**la**. **4** **Lo** compras.
5 Quiero ver**la**. **6** No me **las** digas. **7** ¡ Escúcha**la** !
8 **Lo** pondrás. **9** Hay que hacer**lo**. **10** Comed**los** !

rappel *On fait l'enclise avec le gérondif (phase 3), l'impératif (phrases 7 et 10) et l'infinitif (phrases 5 et 9).*

2

	A		B
1	**Lo** habláis.	**1**	Queréis hablarlo.
2	**Los** cambian.	**2**	Quieren cambiarlos.
3	**La** alabas.	**3**	Quieres alabarla.
4	**Los** amenaza.	**4**	Quiere amenazarlos.
5	**Los** pides.	**5**	Quieres pedirlos.
6	**La** compras.	**6**	Quieres comprarla.
7	**Las** comes.	**7**	Quieres comerlas.
8	**Lo** bebes.	**8**	Quieres beberlo.
9	**Las** contamos.	**9**	Queremos contarlas.
10	No **lo** conduces.	**10**	No quieres conducirlo.

3

1	¡ No lo fumes !	¡ Fúmalo !
2	¡ No la escribas !	¡ Escríbela !
3	¡ No le llames !	¡ Llámale !
4	¡ No lo miremos !	¡ Mirémoslo !
5	¡ No lo comiences sin mí !	¡ Comiénzalo sin mí !
6	¡ No las aprendas !	¡ Apréndelas !
7	¡ No lo olvidemos !	¡ Olvidémoslo !
8	¡ No se lo ponga	¡ Póngaselo !
9	¡ No le escuchemos !	¡ Escuchémosle !
10	¡ No te lo compres !	¡ Cómpratelo !

4

1 b) Es tu padre : **escúchalo.**
2 a) No abras la puerta ; **ciérrala.**
3 b) ¡ Aprende las lecciones ! Estoy **aprendiéndolas.**

4 b) ¡ **Dejémosla** hablar ! Quiere decir algo.
5 b) A usted le gusta este libro : **cómprelo.**

5

1 Estás escribiénd**ole**. **2** Quiero dárt**elo**. **3** No podrá ver**los** todos. **4** Tienes que dárm**ela.** **5** ¡ Condúc**elo** !

6

1 Dás**ela**. **2** Hay que acostar**los**. **3** Vas a enseñárs**elas**.
4 Quiere decírs**elo**. **5** No **se lo** digas.

7

1 c) Hay sillas : ¡ **sentaos** !
2 a) **No te los** quiero dar.
3 c) El profesor quiere **hablarnos.**
4 a) Después de **haberlo** visto, lo compró.

8

1 La pagáis. Tenéis que pagarla. **2** La escribirán. Tendrán que escribirla. **3** Lo leeremos. Tendremos que leerlo. **4** Lo terminaba. Tenía que terminarlo. **5** La echamos. Tenemos que echarla.
6 Lo tomabas. Tenías que tomarlo. **7** Lo recuerdo. Tengo que recordarlo. **8** Lo arreglaría. Tendría que arreglarlo. **9** Las haremos. Tendremos que hacerlas. **10** Lo siguen. Tienen que seguirlo.

9

1 Estáis pagándola. **2** Estarán escribiéndola.
3 Estaremos leyéndolo. **4** Estaba terminándolo.
5 Estamos echándola. **6** Estabas tomándolo.
7 Estoy recordándolo. **8** Estaría arreglándolo.
9 Estaremos haciéndolas. **10** Están siguiéndolo.

10

1 Llámale y dile de traernos pasteles.
2 ¿ Dónde está el libro ? Quisiera dártelo pero no lo encuentro.
3 Sentaos, niños, y escuchadme.
4 La historia que estás contándonos/nos estás contando no es nada cómica. ¡ Cuéntanos otra!
5 ¿ Puedes jurarme/Me puedes jurar que eres inocente ?
¡ Júramelo !

21 - SER ET ESTAR

1

1 Yo **soy** un alumno.
2 Él **está** en un colegio.
3 Nosotros **somos** franceses.
4 Yo **soy** más grande que tú.
5 Tú **eres** de París.
6 **Son** las doce.
7 Ella **está** trabajando.
8 Esto **es** impossible.
9 ¿ Dónde **está** el libro ?
10 Usted **es** muy simpático.

2

1 Soy una chica.
2 Estoy en Madrid.
3 La familia está de vacaciones.
4 La familia es muy importante para mí.
5 Este chico es muy inteligente.
6 Sus gatos no son cariñosos.
7 Estos libros son leídos por todos los alumnos.
8 El cartero está aquí.
9 No somos culpables.
10 ¿ Estás contento ?

3

1 a) Yo **estaré** en casa a las diez y media de la mañana.
2 b) La casa **fue** construida el año pasado.
3 a) Carlos **es** el segundo de mis hijos.
4 b) Mi abrigo **es** el rojo.
5 a) ¿ Qué hora **es** ?
6 b) La cena **fue** preparada esta mañana.
7 a) Si **estuviera** malo, llamaría al médico.
8 b) El coche **estaba** aparcado muy lejos.
9 a) Su hermana **está** de vendedora.
10 b) **Fue** en 1995.

4

1 Este cuaderno **es** para la clase de español.
2 ¿ Dónde **está** Luis ?
3 **Estoy** trabajando el inglés.
4 **Esta** paella **está** muy buena.

5 Mi hija **está** rubia.
6 ¿ Quién **es** el nuevo profesor ?
7 Este vestido no **es** el tuyo, **es** el mío.
8 Lo que hacen los gamberros no **está** bien.
9 Madrid **es** la ciudad donde vivo.
10 Esta casa **es** muy bonita.
11 Los precios **son** controlados por el responsable.
12 ¿ Cuándo **estás** de vacaciones?
13 El jersey que he comprado **es** negro.
14 Mi madre **es** enfermera.
15 Mi madre **está** enferma.
16 El vestido de la novia **es** blanco.
17 Usted **está** invitado a la boda.
18 Mi hermano **es** el chico rubio.
19 Este regalo **es** para tu cumpleaños.
20 La cena **está** muy rica.

5

1 Este cuaderno **era** para la clase de español.
2 ¿ Dónde **estaba** Luis ?
3 **Estaba** trabajando el inglés.
4 **Esta** paella **estaba** muy buena.
5 Mi hija **era** rubia.
6 ¿ Quién **era** el nuevo profesor ?
7 Este vestido no **era** el tuyo, era el mío.
8 Lo que hacían los gamberros no **estaba** bien.
9 Madrid **era** la ciudad donde vivía.
10 Esta casa **era** muy bonita.
11 Los precios **eran** controlados por el responsable.
12 ¿ Cuándo **estabas** de vacaciones?
13 El jersey que había comprado **era** negro.
14 Mi madre **era** enfermera.
15 Mi madre **estaba** enferma.
16 El vestido de la novia **era** blanco.
17 Usted **estaba** invitado a la boda.
18 Mi hermano **era** el chico rubio.
19 Este regalo **era** para tu cumpleaños.
20 La cena **estaba** muy rica.

6

1 La puerta estaba cerrada.
2 La puerta fue cerrada con llave.
3 Este perro es muy malo.
4 Pedro ha estado muy malo.
5 Somos catalanes.
6 Estaremos en Cataluña en mayo.
7 ¡ Qué guapa estás hoy !
8 Es la mujer más guapa que conozca.
9 Este coche es tuyo.
10 Tu coche está allí.

7

1 ¿ **Estáis** listos, niños? ¡ Vámonos !
2 ¿ Crees que **serías** más feliz si **fueras** más rico?
3 Es posible que Juan **sea** más listo de lo que yo creía.
4 Cuantos más amigos tiene, tanto más contento **está**.
5 Comeremos tan pronto como **esté** puesta la mesa.
6 Hablaremos de esto cuando **seas** mayor.
7 Cuando salieron del cine **era** ya de noche.
8 Es necesario que (usted) **esté** en casa cuando lleguen.
9 Los mejores estudiantes **fueron** felicitados ayer por el profesor.
10 ¡ Cállate ! No **estoy** para reír.

8

1 La casita que está justo detrás de la iglesia fue construida en el siglo XIX.
2 ¿ Estás sordo? ¿ No oyes que llaman a la puerta ?
3 Todas las cartas han sido firmadas por el director : están aquí, sobre la mesa de trabajo.
4 Estoy listo. Llámame en cuanto estés en tu casa.
5 ¡ Ya está ! El fax ha sido enviado.
6 Estábamos a punto de salir cuando tocó el teléfono.
7 Fue él quien me dijo que María estaba mala.
8 Su deber era de asegurarse que todas las ventanas estaban bien cerradas.
9 No estoy seguro de que sea tan tímido como lo decís/dice(n).
10 ¿ Qué es de tu amigo? ¡ Era verdaderamente muy simpático !

9

- soy - es - seréis - será - era - fuera - sois - son - están - estamos - estuve - estaré

22 - LES FORMES IMPERSONNELLES

1

1 Se trabaja en la biblioteca. **2** Se descubre una nueva materia. **3** Se quitan los abrigos al entrar. **4** Se escribe en francés. **5** Se cortan las hojas de papel en esta empresa. **6** Se necesitan secretarias. **7** Se habla mucho de este actor. **8** No se grita aquí. **9** Se busca un director. **10** Se hace mucho ruído.

2

1 Se trabajaba en la biblioteca. **2** Se descubría una nueva materia. **3** Se quitaban los abrigos al entrar. **4** Se escribía en francés . **5** Se cortaban las hojas de papel en esta empresa. **6** Se necesitaban secretarias. **7** Se hablaba mucho de este actor. **8** No se gritaba aquí. **9** Se buscaba un director. **10** Se hacía mucho ruído.

3

1 Se espera mucho en el médico. **2** Os escribiremos durante las vacaciones. **3** Se preparan las fiestas del pueblo. **4** Se comen muchas cerezas en junio. **5** Se necesita siempre gente calificada.

rappel *Dans la phrase 2, "on" est l'équivalent de "nous".*

4

1 **Hay** ladrones en este barrio. **2** **Hace** unos días que no le veo. **3** **Hace** tres años que nos conocemos. **4** **Hay** mucha sal en la comida. **5** **Hay** cosas que se dicen y otras no.

rappel *Phrase 3 :* hay que = *il faut que ; phrase 4 :* hace buen tiempo = *il fait beau.*

5

1 **Hace** tiempo que no escribo a mi abuela. **2** ¡ **Hay** mucho trabajo! ¡ A trabajar ! **3** Cuando se quiere algo, **hay** que merecerlo. **4** **Hace** buen tiempo hoy. **5** **Hay** mucho trabajo. **6** **Hay** tiempo para divertirse y tiempo para trabajar. **7** **Hace** diez años que os casasteis. **8** **Hace** ya mucho tiempo que terminé mis estudios.

rappel *"Il y a" se traduit par* **hace** *lorsqu'il est suivi d'un complément de temps (dans le sens de "cela fait").*

6

1 Si **hiciera** frío me pondría un abrigo.
2 Es posible que **haya** mucha gente en el museo.
3 **Hacía** dos meses que no lo había visto.
4 Tiene que **haber** una solución.
5 **Habrá** mucho más turistas el verano próximo.

7

1 a/b) **Se/Uno** echa de menos a los ausentes.
2 a) Ahora no **se** encuentra trabajo.
3 c) Me lo regalaron para mi cumpleaños.
4 a) Con dinero **uno** compra lo que desea.
5 c) No **hay** ladrones aquí.

8

1 Hay buenos alumnos y malos alumnos.
2 Empezaron/Se empezó a arreglar el ayuntamiento después de la explosion.
3 Alguien quiere mi plaza de parking.
4 Mi perro murió hace tres meses.
5 Hace tres meses que he dejado de fumar.
6 Se escriben muchas cosas en el periódico.
7 En España se come muy tarde.
8 Volvimos muy tarde ayer por la noche y no pudimos llamaros.
9 ¿ Qué venden/se vende aquí ?
10 Dicen que es muy inteligente.
11 Había frutas y pasteles para el postre.
12 No hay nunca nadie aquí.
13 Hace dos meses, estaba aún en Argentina.
14 Hace tiempo que no os hemos visto.
15 No se sabe nunca qué elegir. Hay demasiadas cosas.

23 - L'OBLIGATION

1

1 Tengo que comer mucha carne.
2 Tendrás que hablar con toda la gente.
3 Tenemos que vivir en un buen barrio.
4 Tendrán que venir mañana.
5 Usted tiene que conocer la dificultad de este ejercicio.
6 Tenemos que coser ésto para mañana.
7 Tendrán que llamarnos cuando lleguen.
8 Tendrías que guardar a los niños esta noche.
9 Tenía que venir con su novia.
10 Yo tengo que mantener a toda la familia.

2

1 Han de concluir/Es necesario que concluyan el contrato.
2 Usted ha de difundir/Es necesario que difunda la información.
3 Hemos de trabajar/Es necesario que trabajemos en España.
4 Yo he de insertir/Es necesario que inserta párrafos en sus discursos.
5 Tú has de imprimir/Es necesario que imprimas periódicos.
6 He de viajar/Es necesario que viaje mucho.
7 Has de azucarar/Es necesario que azucares todos tus postres.
8 Usted ha de creer/Es necesario que crea en el destino de la gente.
9 Ustedes han de cuidar/Es necesario que cuiden de sus personas.
10 Han de pintar/Es necesario que pinten la fachada.

3

1 Debías comprar la fruta.
2 Será necesario que se despierten muy pronto.
3 Usted tuvo que acostarse muy tarde.
4 Hemos de sustituir los productos.
5 Hace falta que proveas a sus necesidades.

4

1 a) **Hace falta** que limpiemos el polvo.
2 c) **Hemos de** estudiar para aprobar.
3 c) **Es preciso** llegar pronto.
4 b) **Tienes que** comprarle un regalo.
5 b) **Hace falta que** haga calor.
6 a) Los niños **tienen que** ir a dormir.
7 b) **Es preciso que** vayas a verlos.
8 a) **Es necesario** comer carne todos los días.
9 c) **Hace falta** pensar en los exámenes.
10 a) **Hemos** de acostumbrarnos al país.

5

1 **Hace falta** distribuir las cartas.
2 **Hace falta** traducir para el intérprete.
3 **Hace falta que** reembolse al banco el préstamo.
4 **Hace falta que** contrate a una nueva secretaria.
5 **Hace falta que** el librero tenga menos revistas.

6

1 Hay que aprovecharse de la vida : hay que trabajar pero hay que divertirse también.
2 Juan debe viajar mucho. Su director le dice a menudo : "Un representante tiene que viajar mucho para bien hacer su trabajo".
3 Tuvimos que trabajar mucho durante el último trimestre. Debíamos hacer nuestros ejercicios todos los días y el profesor nos dijo que había que traducir por lo menos dos textos cada semana.
4 Tendréis que leer algunos grandes autores clásicos españoles.
5 Siempre hay que tratar de contestar a las preguntas que se le hace.

24 - LES EXPRESSIONS DE LIEU

1

1 dentro ≠ fuera **2** cerca ≠ lejos **3** detrás ≠ delante
4 debajo ≠ encima **5** arriba ≠ abajo

2

1 Estoy siempre **lejos** de ti.
2 Los taxis se paran **detrás de** la estación.
3 Organizan siempre las ferias **dentro de** la ciudad.
4 El teléfono no está **debajo de** la mesa.
5 La chica que está **aquí** es mi hermana.
6 El jardín y la piscina están **delante del** edificio.

3

1 Aparcamos siempre el coche delante de la casa.
2 Los platos están abajo.
3 Alrededor de ellos hay el campo.
4 Ella mira si hay polvo debajo de los muebles.
5 Debajo del motor, hay la rueda de socorro.

4

1 a) Tu bolso está **aquí.**
2 c) Vamos de vacaciones muy **lejos.**
3 a) Me gusta tener mis gafas **cerca** de mí.
4 c) Las zapatillas están **debajo** de la cama.
5 b) Los platos se ponen **encima** de la mesa.

5

1 No he venido **aquí** para hacer la limpieza.
2 Los hijos no viven siempre **cerca** de sus padres.
3 Los comercios no están muy **lejos** de aquí. No necesitarás el coche.
4 Ven **aquí**, que te dé un beso.
5 El libro no está **aquí**, en este biblioteca; estará **allí**, en la otra.

6

1 He recogido todos los calcetines **dentro** de los cajones.
2 ¿ La pescadería ? Sí, está **cerca de** aquí.
3 Están todas las noches sentados **delante de** la televisión.
4 Como están en obras, hay que entrar por **detrás**.
5 Los vecinos **de abajo** son muy ruidosos, pero no los **de arriba**.

7

1 Ésta es la calle donde nací.
2 Nunca podré vivir lejos de ti.
3 Venid aquí, niños, tengo algo que deciros.
4 Su casa está justo detrás del ayuntamiento, al lado de la panadería.
5 No sé donde está mi cuaderno. Lo había puesto sobre esta mesa pero ya no está.
6 Me gustaría vivir más cerca de la estación.
7 ¿ Por dónde habéis pasado al venir a mi casa?
8 ¿ De dónde venían cuando los encontraste ?
9 ¡ Abre este paquete ! Tengo prisa de ver lo que hay dentro.
10 Han pasado toda la mañana fuera.

8

F	**U**	**E**	**R**	**A**	S
A	I	**D**	T	R	E
N	**L**	**E**	**J**	**O**	**S**
S	X	**N**	S	R	**A**
O	M	**T**	I	U	**Q**
C	**E**	**R**	**C**	**A**	**U**
B	A	**O**	U	T	**I**

9

1 Vivimos **cerca** del colegio.
2 Las sábanas están **dentro** del armario.
3 ¿ Dices que las llaves están **aquí** ?
4 No me gusta que mis hijos duerman **fuera** de casa.
5 Mi trabajo está **lejos** de mi casa : tardo 30 minutos todos los días.

25 - LES EXPRESSIONS DE TEMPS

1

1 Comemos/Comeremos el queso **después**.
2 **Nunca** me gustan/**No** me gustan **nunca** sus películas.
3 Como se levanta **tarde**, se acuesta también **tarde**.
4 **Nunca** venimos/**No** venimos nunca aquí de vacaciones.
5 Mi hijo llegará **pronto pasado mañana**.

2

1 Vimos a algunos amigos ayer por la noche.
2 Mañana me levantaré temprano.
3 Me gusta tener las cosas en seguida.
4 Nunca (jamás) tendrá buenas notas porque no trabaja.
5 Si te acuestas tarde, no podrás levantarte pronto.

3

1 c) Vienen **siempre** cuando no tengo nada para comer.
2 a) **Pronto** serán tan grandes como tú, si siguen comiendo así.
3 a) **Hoy** en día, los jóvenes fuman mucho.
4 c) **Después** de tus estudios, tendrás que hacer la mili.
5 c) **Antes** de comprar todo esto, mira si tienes dinero en la cuenta.

4

1 Tu tío vendrá mañana ya que no ha venido **hoy**.
2 No sabía que tenías un libro para mí : compré uno **ayer**.
3 Has sido **siempre** un niño bueno.
4 **Mañana** iremos a ver a la familia.
5 ¿ Por qué no me lo has dicho **antes** ?

5

1 **Después** lo comía todo porque no estaba a régimen.
2 **Antes** del barco, cogeré el tren.
3 **Mañana** iremos al cine.
4 **Antes** de su discurso, le diremos lo que pensamos.
5 Estaba mejor **después** de su visita al médico.

6

A	N	O	C	H	E
Y	U	B	L	O	C
E	N	N	Y	Y	A
R	C	Z	P	O	M
T	A	R	D	E	S

1 **Aún** no hemos terminado.
2 Vino **anoche** pero tiene que marcharse hoy.
3 Me lo ha dicho pero ya lo sabía.
4 Volvieron **tarde ayer** y no pudieron llamarnos.
5 **Nunca** la olvidaré. ¡Era tan guapa!

7

1 ¡ Ya veo !
2 ¡ Hasta pronto!
3 ¡ Hazlo ahora (mismo) !
4 Ya no sabe que hacer.
5 Desde ahora, ¡ trabajo !

8

1 a) Ven **antes** de que venga él.
2 c) Si me dices "hasta **pronto**", es que piensas volver.
3 a) ¿ Necesitas dinero **en seguida** ? ¿ Por qué ?
4 b) **Nunca** me llamas menos cuando necesitas dinero.
5 a) **Entonces** tenían dinero pero ahora son pobres.

9

1 No trabajas **nunca** : tendrás malas notas.
1 Si llegas **tarde**, no quedará pastel.
1 **Ayer** por la tarde no merendasteis porque no os gustó la merienda.
1 **Todavía** os quedan por hacer los deberes.
1 ¡ **Ahí** viene por fin el tren !

26 - L'EXPRESSION DE LA QUANTITÉ

1

1 Tiene **mucha** sed.
2 Estoy **muy** cansado.
3 No tiene **mucho** dinero.
4 No compras nunca ropa **muy** cara.
5 Miramos **muchas** películas cada semana.
6 Si tiene **muchas** calidades, no es **muy** serio.
7 La niña llora **mucho.**
8 Conseguimos siempre **muchas** cosas con nuestros padres.
9 No te lo tomes **muy** en serio.
10 Me gustan las chicas **muy** guapas.

2

1 En esta ensalada, hay **muchos** tomates.
2 Para mi empresa, trabajo **mucho.**
3 Si quieres dinero, tienes que trabajar **mucho**.
4 No hay **mucha** leche para hacer el pastel.
5 Para adelgazar, no hay que comer **mucho.**

3

1 Escribió a los pocos amigos que tenía.
2 No trabajan mucho para sus exámenes.
3 Muchos de mis amigos muchos amigos míos hacen deportes pero pocos hacen rugby.
4 Traducimos más o menos bien en español.
5 Sueño mucho contigo.

4

MUCHO MÁS TANTO MUY MENOS TANTOS

1 Tiene veinte años **más** o **menos.**
2 Come **tantos** pasteles como yo.
3 Está **muy** alto para su edad.
4 Si quieres adelgazar, no tienes que comer **tanto** azúcar.
5 El niño tiene **mucho** sueño.

5

1 Esperas desde hace **mucho** tiempo.
2 Había **poca** gente en la calle.
3 Le gusta **poco** correr por el campo.
4 Miramos **más** la televisión ahora.
5 No viajáis **bastante** para vuestro trabajo.

6

1 a) Hoy el teléfono ha tocado **mucho.**
2 c) No hace **bastante** frío para encender la calefacción.
3 b) ¿Quieres **muchos** espaguetis ?
4 c) ¿ No cogemos **más** maletas ?
5 b) Si te alimentas **bastante**, no estarás enfermo.

7

1 ¡ No comas **tanto** !
2 No es suficiente saber **mucho**, hay que mostrarlo.
3 Si el niño llora **mucho/tanto** es que sufre.
4 Estamos a **medio** camino.
5 No le conoces **bastante** para hablarle así.
6 Padece usted de **muchos** males.
7 Tienes **muchas** ocupaciones pero poco tiempo.
8 Se niega a decirme si vendrá **muy** pronto.
9 Sirven **muchos** platos todos los días.
10 Estás todavía a **medio** vestir.

8

1 Tenemos muy pocas maletas.
2 Viajas mucho en tren de noche.
3 En esta región, hace demasiado calor y hay demasiados mosquitos.
4 No teníamos nunca bastante dinero para comprar todo lo que queríamos.
5 Trabajan tanto como nosotros.

27 - POR ET PARA

1

1 Los niños juegan **por** el parque.
2 He comprado carne **para** la vecina.
3 Si vais **por** el centro, ¿ me podéis llevar ?
4 Para llegar a la plaza, hay que pasar **por** aquí.
5 El banco me ha dado mi crédito **por** unos meses.
6 Te he cogido cita con el dentista **para** las seis de la tarde.
7 Si quiere ir al jardín, tiene que pasar **por** detrás de la casa.
8 **Para** él, le han suspendido.
9 A las jovencitas, les gusta pasearse **por** los centros comerciales.
10 **Para** ir al cine tengo que pasar **por** la calle Principal.

2

1 La tienda abre por la tarde y no por la mañana.
2 Se pasea por el parque.
3 Voy a la universidad para tener un diploma.
4 ¿ Por qué no me llamas más ?
5 ¿ Para qué compras tanta fruta ?

3

1 Volveré de mis vacaciones **por** septiembre.
2 Estamos **por** ir al cine esta noche.
3 ¿ Quieres ir a pasearte ? Yo estoy más **por** irme a acostarme.
4 Menos mal que llamas ahora, estaba **para** irme.
5 Tengo cita con el abogado mañana **por** la tarde.
6 **Por** culpa tuya, mis padres me han reñido.
7 Tienes que pasar **por** el centro **para** llegar a la Plaza Mayor.
8 **Por** ahora no he recibido ninguna carta suya.
9 ¿ **Para** quién llevas el pastel ?
10 ¿ **Por** qué llegas tan tarde ?

4

1 No te gusta correr por el bosque.
2 La novia lleva un vestido hecho para ella por Dior.

3 Para no estar malo, llevo siempre una bufanda.
4 Te compro el canapé por veinte mil pesetas.
5 Para mí, es tonto.

5

1 La máquina de lavar fue arreglada **por** Luis.
2 ¿ **Para** qué ocasión te compraste el traje azul ?
3 Si quieres noticias de Carmen, las puedes obtener **por** Pedro.
4 Si quieres hacer algo **para** tu familia, aprueba tus exámenes.
5 Gracias **por** la invitación : vendremos.
6 **Para** mi jefe, soy un incapaz.
7 Las fotos fueron tomadas **por** mi tío.
8 Te compró tu disco **por** dos mil pesetas.
9 Tienes una carta **por** enviar.
10 ¿ **Por** qué es tan caro este vestido ?

6

1 Esta escuela está muy bien **para** quienes desean aprender muchas cosas.
2 El profesor escribe en la pizarra **para** que todos los alumnos entiendan el ejercicio.
3 La tienda está cerrada por las vacaciones.
4 Se murió **por** causa de una infección.
5 Llevo una blusa hecha **por** mi abuela.
6 Tienes que hacer halgo **para** tu padres : te quieren mucho.
7 Este regalo es **para** ti y éste es **para** ella.
8 ¿ **Por** qué no llamaste ayer ?
9 ¿ **Para** qué receta has comprado el pimiento ?

7

1 Hay que pasar por la calle de detrás : están en obras.
2 Tienes que venir a verme para contarme todo esto.
3 He logrado por mi trabajo.
4 Cuando salgan para ir a pasearse, diles de pasar por casa.
5 Si me vende usted esta mesa por veinticinco mil pesetas, se la compro.

28 - LES AUTRES PRÉPOSITIONS (1)

1

1 Nos marchamos **a** las siete de la mañana. **2** Van de vacaciones **en** el mes de julio. **3** La carne está lista **en** una hora. **4** Tenemos cita **a** las diez de la mañana. **5** Se conocieron **a** los quince años. **6** En el mes de agosto, nos casaremos. **7** El avión sale **a** las diez de la mañana y llega dentro de una hora y diez minutos. **8** ¿ **A** qué hora sale el tren ? **9** Usted me dice que me arreglará el coche **en** dos horas. **10** Te quedarás en París una semana y verás todos los monumentos **en** tres o cuatro días.

2

1 Se casó **a** los quince años. **2** Puedes **salir** hasta las diez de la noche. **3** Te duelen las muelas **desde** ayer. **4** Para llegar **a** la una de la tarde, hay que salir **a** las seis de la tarde. **5** En este garaje, suelen arreglar los coches **en** un día.

3

1 c) La gente trabaja **hasta** las sesenta años.
2 c) El comercio está abierto **hasta** las nueve de la noche.
3 b) No tengo noticias de él **desde** Navidad.
4 c) El Presidente hablará **dentro** de una hora.
5 b) Desarrollan las fotos **en** una hora.

4

1 Traduciré este texto en una hora. **2** El coche estará arreglado. **3** Cenaremos sobre las ocho y media. **4** Me voy de vacaciones dentro de quince días. **5** Su madre los esperará hasta esta noche.

5

1 b) ¿ Has comprado algo **para** su cumpleaños ?
2 a) Nos levantaremos mañana **sobre** las seis de la mañana.
3 a) Sólo te puedo esperar **hasta** las nueve de la noche.
4 b/c) Te estaba esperando **sobre/desde** las nueve de la tarde.
5 b/c) Estuvo enfermo **durante/hasta** las últimas vacaciones.
6 a) No eschuda nada **durante** las clases.
7 c) ¡ Te digo que no comas nada **hasta** la cena !

8 c) ¿ **Hacia** qué hora dijeron que llamarían ?
9 b) Saldrá de la oficína **sobre** las seis de la tarde.
10 b/c) Este autobús sólo viene **hasta/hacia** las nueve de la noche.

6

1 Ayer por la noche, volvieron muy tarde del colegio y tuvieron que trabajar hasta las doce de la noche. **2** No los he visto desde la última Navidad. **3** Sólo podré esperarle hasta la una. **4** Después de la comida, tengo una reunión muy importante que no terminará antes de las seis. **5** Este año, cogeré mis vacaciones en la primavera.

29 - LES AUTRES PRÉPOSITIONS (2)

1

1 Usted vive **en** Madrid. **2** ¿ Te vas **a** casa ? **3** Mi hermana no está **en** casa ahora. **4** Mi tienda está **en** la Avenida Principal. **5** Tengo que ir **a** la tienda de la Avenida Principal. **6** Después de tu enfermedad, puedes salir **a** la calle. **7** Para ir **a** Málaga, pasarán por Sevilla. **8** Ingresé **en** el hospital ayer. **9** He dejado las llaves **en** casa. **10** Las Plazas de Toros se hallan siempre **a** las salidas de las ciudades.

2

1 Nos gusta pasearnos **por** el parque. **2** Este es el autobús que va **a** la Plaza. **3** El coche negro nos ha seguido **desde** el hotel. **4** Nos veremos **en** Madrid. **5** ¿ Es usted **de** Sevilla ?

3

1 Tengo que ir al banco. **2** Van de vacaciones en el sur. **3** Podremos viajar juntos hasta Alicante. **4** Paseas a tu niño todos los días por el parque. **5** El tren que va a Valladolid sale a las seis y cuarto de la tarde.

4

1 b) ¡ No puedes entrar **en** su cuarto !
2 b) Los niños salían **de** la escuela.
3 b) Pasearon toda la mañana **por** las calles.

4 b) ¡ Podrían escribir **desde** Francia !
5 a) **De** hoy en un mes, tengo que ahorrar 10 000 pesetas.
6 a) Se puede ver el mar **desde** esta ventana.
7 c) ¿ Me puedes llevar **a** mi instituto ?
8 a) Si la boda es **por** el mes de agosto, ya podéis empezar a prepararlo todo.
9 a) Los niños pueden pasear sólos **por** el parque.
10 b) ¿ A esta hora ? Mi mujer está **en** casa.

5

1 Os han puesto una multa cuando habéis estado **en** Sevilla.
2 Estuvieron ayer **en** la feria hasta las dos de la mañana.
3 He cogido a una autostopista **en** la carretera de Madrid-Valencia.
4 Mi hija que está **en** Inglaterra nos llamó ayer **d**esde Londres.
5 Acaba de llegar **de** su trabajo.

6

delante de ≠ detras
debajo de ≠ sobre
desde ≠ hasta.

7

1 Los comercios están a tres kilómetros.
2 Venís de Andalucía y vais hasta el País Vasco.
3 Es el tren que pasa por Barcelona y que va hasta Valencia.
4 He olvidado mis maletas en el aeropuerto.
5 En el cajón, hay todos los papeles.
6 Puedo indicarle el camino hasta la estación.
7 Si pones los platos sobre la silla, se van a caer.
8 Queremos visitar todos los pueblos desde Zaragoza hasta Castellón.
9 Les gusta irse de vacaciones muy lejos.
10 Cuando haya llegado allí, cogeré otro billete de tren.

30 - LES TOURNURES AFFECTIVES

1

1 A mí **me gusta** tu coche.
2 A nosotros **nos gustan** las motos.
3 A ellos **les gusta** ir de vacaciones.
4 ¿ A vosotros **os gusta** la película ?
5 ¿ A ellos **les gustan** los pasteles ?
6 A ellos **les gusta** ir a la playa.
7 A mi no **me gustan** los chicos presumidos.
8 ¿ A ti **te gusta** mi nuevo bañador ?
9 ¿ No compras los pantalones ? ¿ no **te gustan** ?
10 A él **le gustan** los muebles modernos.

2

1 b) A él **le gusta** su ciudad.
2 b) A ella no **le gusta** cantar.
3 b) A nosotros no **nos gustan** los helados de fresa.
4 a) ¡ Cuánto **me gusta** tu nueva falda!
5 c) ¡ Qué poco **te gustan** los mosquitos !

3

1 Quiero mucho a mi abuela : es tan buena.
2 Te gustan las flores de mi jardín.
3 ¿ Les han gustado las vacaciones al mar ?
4 A los chicos les gusta mucho jugar al fútbol.
5 ¿ Te gusta ir al cine ?
6 Me gusta bailar.
7 Le gusta mirar los escaparates.
8 Queremos que a nuestra hija le guste la música clásica.
9 ¿ Te gustaría verla ?
10 ¡ Te quiero mucho!

rappel *Dans les phrases 1 et 10, "aimer quelqu'un" se traduit par* querer.
Gustar *se traduit par "aimer", dans le sens de "plaire".*

50 -

4

1 **A él** no le gusta la arena.
2 **A ti** te gusta el queso de cabra.
3 **A ellas** les gustan los paseos por las playas.
4 **A usted** le gustan las cerezas.
5 **A mí** me gustan las paellas valencianas.

5

1 No podía comer porque **le dolían** las muelas.
2 ¡ **Nos agradan** tanto estos regalos !
3 ¿ **Le apetecen** a usted estas frutas ?
4 ¡ Qué bien **te sientan** esos pantalones !
5 Es posible que a Juan **le pese** su decisión.

6

1 Me gustaría venir con vosotros (usted, ustedes), pero tengo demasiado trabajo.
2 Le ha gustado siempre viajar, descubrir nuevos paises y conocer a otra gente.
3 ¡ Aquel vestido te iba tan bien ! ¿ Por qué no lo llevas más ?
4 ¡ Me apetecería mucho un helado de vanilla !
5 No creo que te duela tanto la cabeza.
6 ¿ Estás seguro de que les gustaría nuestro regalo?
7 Le gusta mirar a una chica guapa en la calle, pero sólo quiere a su mujer.
8 Te duelen los dientes, pero no te gusta ir al dentista.
9 Les ha gustado realmente la película.
10 ¿ Te apetece comer otro postre ?

Aubin Imprimeur
LIGUGÉ, POITIERS

Achevé d'imprimer en septembre 1996
N° d'impression P 52584
Dépôt légal septembre 1996 / Imprimé en France